Andreas Winter

Zu viel Erziehung schadet!

Andreas Winter

Zu viel Erziehung schadet!

Wie Sie Ihre Kinder stressfrei begleiten

Mit Starthilfe-CD

Haben Sie Fragen an den Autor?
Anregungen zum Buch? Erfahrungen,
die Sie mit anderen teilen möchten?
Nutzen Sie unser Internetforum:
www.mankau-verlag.de

mankau

Bibliografische Information der Deutschen Nationalbibliothek
Die Deutsche Nationalbibliothek verzeichnet diese Publikation in der Deutschen Nationalbibliografie; detaillierte bibliografische Daten sind im Internet über http://dnb.d-nb.de abrufbar.

Andreas Winter

Zu viel Erziehung schadet!

Wie Sie Ihre Kinder stressfrei begleiten

ISBN 978-3-938396-36-0

1. Auflage 2010

Mankau Verlag GmbH
Postfach 13 22, D-82413 Murnau a. Staffelsee
Im Netz: www.mankau-verlag.de
Internetforum: www.mankau-verlag.de/forum

Lektorat: Ulrich Nigge, Lünen
Endkorrektorat: Dr. Thomas Wolf, MetaLexis
Gestaltung Umschlag: HildenDesign, München
Gestaltung Innenteil: Heike Brückner, Grafikstudio, Regensburg
Druck: Bercker Graphischer Betrieb GmbH & Co. KG, Kevelaer

Inhalt

Vorbemerkung

Wozu und für wen ist dieses Buch?

Dieses Buch ist kein Erziehungsratgeber! Sie bekommen von mir keine Tipps, keine Ratschläge und keinen Leitfaden, um Kinder zu erziehen. Vielmehr möchte ich aufdecken, wie Erziehung funktioniert und welche unbewussten Einflüsse das Eltern-Kind-Verhältnis beeinträchtigen können; zudem will ich Ihnen eine Hilfestellung geben, damit Sie von Ihren Kindern als „Entwicklungshelfer“ und nicht als „Problemerzeuger“ wahrgenommen werden.

Meine Buchreihe „Der Psychocoach“ behandelt Themen der Bereiche Gesundheit und Verhalten aus tiefenpsychologischer Sicht. Sie zeigt Ihnen Aspekte des Lebens, die Ihnen vielleicht zunächst etwas fremd vorkommen mögen. Daher hoffe ich, Andreas Winter, auf Ihre vorbehaltlose wissenschaftliche Offenheit und Neugier. Es wird manchmal ein unbequemes Lesen, und Sie werden womöglich im Anschluss Ihre eigenen Eltern in einem völlig anderen Licht sehen. Ich werde Ihnen in diesem Buch eine Menge abverlangen, doch es lohnt sich!

In meinem Institut Powerscout Wellness Coaching arbeite ich mit Analysen und Reflexionen, um unterbewusstes Verhalten und Empfinden bewusst zu machen. Diese Arbeit ermöglicht es unseren Kunden aus der ganzen Welt, sich aus schädlichen Verhaltensmustern und damit sogar von körperlichen Symptomen zu befreien. Uns suchen Menschen auf, die wissen, dass Tabletten, Skalpelle und monatelanges Drumherumreden nicht die Ursachen einer Störung beheben, sondern nur vorübergehend deren Symptome.

Nun gehört es in unserem Kulturkreis noch immer nicht zum selbstverständlichen Allgemeinwissen, dass es unterbewusste Gedanken gibt, die im Grunde unseren verborgenen Bedürfnissen und Glaubenssätzen entsprechen und unser Verhalten steuern. Wir erkennen oftmals nicht unsere Entscheidungsfreiheit und damit unsere eigene Verantwortung für unser Leben. Sondern wir neigen viel eher dazu, uns über unser Verhalten zu ärgern, uns dafür zu schämen, andere oder sogar uns selbst zu hassen, anstatt dieses Verhalten einfach zu ergründen und gegebenenfalls entsprechend zu ändern. Doch spätestens dann, wenn unsere eigenen Gedanken nicht nur uns selbst, sondern sogar anderen schaden, sollten wir die Gelegenheit ergreifen, unseren geistigen Horizont zu erweitern und die problematische Lebensweise damit zu regulieren. Hierfür braucht man übrigens weder Disziplin noch gute Vorsätze, sondern lediglich ein paar Erkenntnisse.

Am Ende des Buches finden Sie eine rund 30-minütige Audio-CD, die Ihnen hilft, das Gelesene auf emotionaler Ebene nachzuvollziehen, damit Sie es im Alltag auch umsetzen können. Diese CD enthält ein Coachingprogramm. Ich verwende darin keine Suggestionen oder Informationen unterhalb der bewusst hörbaren Wahrnehmung (Subliminals), sondern arbeite einzig mit Ihrem wachen Verstand und Ihrer Vorstellungskraft. Hören Sie sich diese CD nach der Lektüre des Buches ganz bewusst an. Stellen Sie sich idealerweise dabei vor, ich würde tatsächlich mit Ihnen reden und Ihnen Fragen stellen, auf die Sie mir hörbar antworten. So erzeugen Sie den größtmöglichen Effekt an Bewusstmachung – ähnlich einem Coaching-Gespräch.

Dieses Buch richtet sich einerseits an Menschen, die noch Eltern werden wollen, andererseits an „praktizierende“ Eltern, in jedem Falle aber auch an Menschen, die einmal Eltern hatten, also an Sie alle. Ich möchte Sie zum Nachdenken anregen und zum Verstehen Ihrer eigenen Eltern einladen, weil ich glaube, dass die meisten Konflikte auf Missverständnisse zurückzuführen sind. Ich bin wirklich ganz fest der Ansicht, dass Menschen, die sich der Aufgabe des Elternseins stellen, größten Respekt verdienen; und Menschen, die sich durch diese Aufgabe überfordert fühlen, sollten eine Chance zur Vergebung bekommen. In diesem Buch, in meinen Coachings, Seminaren und Vorträgen versuche ich stets, beide Seiten einer Medaille zu beleuchten, weil ich denke, dass es keine absolute Wahrheit gibt, sondern nur Standpunkte. Die Sichtweisen und Argumente der Kinder zu verdeutlichen und transparent zu machen, ist die Aufgabe, der ich mich hier stellen möchte.

Ich benutze teilweise eine recht schonungslose Ausdrucksweise, um verborgene oder verdrängte Themen zu verdeutlichen. Ich versichere Ihnen jedoch, dass ich dabei stets respektvoll und sachlich zu Ihnen sprechen möchte.

I. Einführung

Zu viel Erziehung schadet? In Anbetracht steigender Jugendkriminalität und erschreckender Zahlen bei Schulversagern und Jugendarbeitslosigkeit erscheint das zunächst paradox. Ist es denn nicht so, dass gerade deswegen, *weil* Eltern ihre Erziehungsaufgaben nicht wahrnehmen, der Nachwuchs keinen Bezug zu den Normen und Werten dieser Gesellschaft entwickelt? Geraten nicht Anstand und Ordnung in Vergessenheit, *weil* Eltern sich nicht ihrer Erziehungsverantwortung bewusst sind? Resultieren daraus nicht die gesamten Probleme unserer Gesellschaft? Müssten sich Eltern nicht sogar noch *viel mehr* erzieherisch engagieren, lenkend einbringen und um ihre Kinder kümmern?

Ich sage: Nein! Es sind oftmals gerade diejenigen Eltern, die mit ihrer eigenen Unreife und ihrem eigenen Unvermögen, ein positives Vorbild zu vermitteln, den Kindern das konfliktfreie Leben in unserer Gesellschaft erschweren. Überforderte und unsichere Eltern bewirken oftmals genau das Gegenteil von dem, was Erziehung eigentlich leisten sollte: Verantwortungsbewusstsein, Sozialkompetenz, eigenständiges und kreatives Handeln sowie Denken, Konfliktfähigkeit, Sachkompetenz und mehr. Doch ganz ehrlich: *Von wem* sollen Kinder das lernen? Wie viele Menschen kennen Sie, die ein optimales Beispiel für ein glückliches, zufriedenes Leben mit Erfolg, Gesundheit und Wohlstand abgeben *und zudem* auch noch die Kompetenz besitzen, dieses Denken vorbildhaft an ihren Nachwuchs zu vermitteln? Solche Menschen sind – nicht nur hierzulande – dünn gesät. Wir leben in einer Gesellschaft, in der Kinder von ihren Eltern eher lernen können, wie man sich ein Leben lang unzulänglich, abhän-

gig und bevormundet fühlt. Die Folge: fehlendes Verantwortungsbewusstsein, unangepasstes Sozialverhalten, chronische Krankheiten, dauerhafte Konflikte und Erfolglosigkeit. Wer nicht weiß, wie man glücklich, zufrieden und gesund lebt, wer glaubt, das Leben sei ein harter Kampf, der wird seinen Kindern nicht glaubwürdig ein positiveres Bild vermitteln können.
Erziehen ist Elternsache: Aber sinnvoll ist dies nur, wenn Eltern wirklich wissen, was Kinder zu erfolgreichen Erwachsenen macht, und dies zudem vermitteln können. Hinzu kommt, dass unsere Welt sich in einem rasanten Wandel befindet. Die Normen und Werte, mit denen die Generation der 1940er Jahre aufwuchs, sind für die kommenden Jahrzehnte des 21. Jahrhunderts oftmals veraltet und damit wertlos. Angepasst und unauffällig sein, sich zurückhalten und kritiklos Widerspruch hinnehmen – damit werden die Menschen der Zukunft wahrscheinlich weder glückliche Partnerschaften noch glanzvolle berufliche Karrieren haben, geschweige denn für andere Menschen unersetzlich und gesellschaftlich wertvoll werden. Doch die Eltern der Gegenwart sind von ihren eigenen Eltern mit genau diesen überkommenen Werten versehen worden. Deren Denken und Verhalten bezog sich auf die Normen vorangegangener Generationen – entweder mit Anpassung, Trotz oder mit Orientierungslosigkeit. Genauso wird es dann wiederum den Kindern gehen und so weiter.

Der Weg zu glücklichen, erfolgreichen und gesunden Kindern führt also über Sie selbst:
Befreien Sie sich zunächst von den schädlichen Spätfolgen der eigenen Erziehung und lernen Sie danach, wie man seinen Nachwuchs derart fördert und begleitet, dass es diesem mindestens genauso gut ergeht wie Ihnen selbst. Wie das funktioniert und dass dies möglich ist, ist die ungewöhnliche Botschaft dieses Buches.

Kann man Erziehung rückgängig machen?

Ich bin Diplom-Pädagoge. Seit mehr als 24 Jahren helfe ich Menschen mit scheinbar unlösbaren Verhaltensproblemen, davon zehn Jahre lang in meinem Beruf als Gesundheits-, Erziehungs- und Konfliktberater. In unser Institut kommen Männer und Frauen mit Stress- und Überforderungssymptomen, Ängsten und Depressionen, Übergewicht, Nikotin-, Alkohol- und Drogenproblemen, Straffälligkeiten, Finanz- und Partnerschaftskrisen, chronischen Krankheiten und Psychosen – allesamt auf der Suche nach einem Ausweg. Ich begleite Schüler auf dem Weg zum Beruf und Erwachsene durch die Midlife-Crisis. Selbst Senioren und Greisen konnte ich dazu verhelfen, ihre verloren geglaubte Lebensqualität wiederzuentdecken. Mehr als mein halbes Leben lang beschäftige ich mich mit der Frage: Wie kommt es eigentlich dazu, dass diese Menschen – alle durchweg intelligent und gebildet – solche Leidenswege gehen mussten?
Die traurige Antwort lautet fast immer: Oft ist es nicht etwa ein Schlag auf den Kopf, eine schwere Krankheit oder ein Unfall, der die Menschen in Lebenskrisen bringt. Es sind traumatische Erfahrungen mit den eigenen Eltern, die denen meist noch nicht einmal bewusst waren.
Die Lösung ist gottlob auch fast immer die gleiche: „emotional abnabeln", die Eltern aus der Elternrolle entlassen, seine eigene Mündigkeit spüren und sich zudem bewusst machen, dass ein Kindheitstrauma natürlich auch keine Entschuldigung für ein unglückliches Leben ist.

Ich beschäftige mich also im ganz konkreten Sinne mit der Erziehung von Menschen jeden Alters, wenn Sie so wollen. Genauer gesagt, mache ich mit tiefenpsychologischen Methoden „rückgängig", was die eigenen Eltern ihren nun erwachsenen Sprösslingen versehentlich angetan haben („Reframing" – abgeleitet vom englischen „frame" = Rahmen – nennt man diese Technik, mit welcher uralte Gefühlserinnerungen unschädlich gemacht und durch eine andere Sichtweise mit einem „neuen Rahmen" versehen werden können). Wenn diese Erziehungsfolgen aufgelöst sind, die Menschen von ihren unterbewussten Verhaltensmustern befreit sind und das Selbstvertrauen wieder repariert ist, verändert sich schlagartig, innerhalb weniger Wochen das gesamte Leben zum Positiven. Partnerschaften funktionieren wieder, berufliche Chancen offenbaren sich, die körperliche Gesundheit kehrt zurück und somit die gesamte Lebensqualität. Das, was Eltern eigentlich von vornherein für ihr Kind wollten, wird dann endlich wahr: ein Leben als zufriedener und erfolgreicher Mensch.

Vorab: Ich selbst habe keine eigenen leiblichen Kinder, habe aber eine 11-jährige Ziehtochter. Meine „Studienobjekte" in punkto Erziehung sind meine vielen erwachsenen Kunden. Daher kann ich Ihnen keine Tipps geben, sondern nur Transparenz schaffen, wie elterliches Verhalten Kindern auch noch im reifen Erwachsenenalter nachhängt. Ich untersuche bei meinen Kunden stets die frühkindlichen Abschnitte ihrer Biografie, um an Traumatisierungen heranzukommen. Viel zu oft, eigentlich so gut wie immer, finden wir in der Kindheit einschneidende Erlebnisse von zu starker Bevormundung, fehlendem Vertrauen und Überforderungen seitens der Eltern. Daher liegt der Schluss sehr nahe, dass ein Zuviel an Erziehung schadet. In den Coaching-Sitzungen führen wir die Menschen in ihrer Erinnerung zurück zum Ursprung ihrer heutigen Probleme. Unterbewusstes aus alten Kindertagen wird dabei zu Tage befördert und teilweise so nacherlebt, als sei es aktuell geschehen. Alte Gefühle brechen oft wieder auf und sogar gestandene, erwachsene Männer weinen dabei genau wie einst, als sie noch kleine, missverstandene Jungen waren. Daher weiß ich gut, wie Kinder fühlen und denken. Leider verdrängen viele Menschen, wie sie sich selbst als Kind gefühlt haben. Das mag vielleicht daran liegen, dass man uns allen oftmals das Gefühl gibt, kindliches Verhalten wäre wertlos und wir müssten uns davon distanzieren, was dann zu Konflikten führen kann.

Das Gegenteil ist der Fall: Wir können von Kindern lernen, wie man als Mensch glücklich und erfolgreich wird und dabei gesund bleibt. Kinder haben uns – die wir glauben, sie erziehen zu müssen – genau das voraus: das Wissen, wie man stressfrei immer reifer wird. Begleiten wir sie doch dabei.

II. Menschenkenntnis

Erinnern wir uns also gemeinsam daran, was wir einmal waren: ein ganz normaler Mensch mit all seinen Emotionen und Bedürfnissen. Es gibt uns als Gattung der Hominiden nun seit über sechs Millionen Jahren und als Spezies seit etwa 200.000 Jahren. Seit rund 10.000 Jahren haben sich Körperbau und Erbanlagen nicht nennenswert verändert. Wir Menschen sind die wohl *hand*-lungsfähigste Spezies auf der ganzen Erde, denn dank des aufrechten Ganges haben wir die Hände frei – und an diesen je einen Daumen, den wir den anderen Fingern gegenüberstellen können. Somit sind wir in der Lage, sehr differenziert zu greifen. Unser hochkomplexes Sprach- und Mitteilungsvermögen ermöglicht uns eine sehr vielschichtige Kommunikation, die weit über die aktuellen Befindlichkeitswahrnehmungen hinausgeht. Tierische Kommunikation ist auf aktuelle Anlässe begrenzt. Philosophieren, strategisches Lügen, prognostisches Kommunizieren und das Schwelgen in Erinnerungen scheinen nur uns Menschen vorbehalten zu sein. Wir können – wahrscheinlich als einzige Art – auf die sofortige Befriedigung unserer Bedürfnisse verzichten, zugunsten eines späteren, höheren Zieles. Das macht uns zu den wohl einzigen Geschöpfen auf der Erde, die aktiv Frieden herstellen können. Ich wiederhole das, weil es vielleicht etwas ungewöhnlich erscheint:

Wir Menschen mögen vielleicht über die ausgefeiltesten Kriegstechniken verfügen und können den Planeten tausendfach in die Luft sprengen. Aber wir, der Homo sapiens, haben als einzige Art durch Vorausschau auf die Zukunft (Antizipation) und Einfühlung in die Beweggründe des anderen (Empathie) die

Fähigkeit, Feindschaft zu beenden, auf Kampf zu verzichten und aktiv Frieden zu schließen.
Dass wir diese Fähigkeiten noch nicht sämtlich nutzen, hat vermutlich denselben Grund wie die Tatsache, dass wir nicht alle Klavier spielen, mathematische Gleichungen ausrechnen oder sechs Fremdsprachen sprechen: *Wir wissen gar nicht, dass wir das können, weil niemand diese Fähigkeiten in uns geweckt und kultiviert hat.* Aber eigentlich können wir praktisch alles, was wir uns vornehmen. Zu diesem Zweck haben wir ein unglaublich leistungsfähiges Gehirn – einen „Hochleistungs-Großrechner aus Wasser". Es kümmert sich um sämtliche Zellen und Funktionsvorgänge im Körper und schläft nie! Dennoch ist das Gehirn der am meisten unterschätzte Körperteil. Es ist unsere Kommandozentrale und kann alles veranlassen, was wir für möglich halten. Dies geschieht mit einer atemberaubenden Geschwindigkeit, die jeden noch so leistungsfähigen PC um das X-Tausendfache übertrifft. Daher können wir innerhalb von Sekundenbruchteilen herausfinden, ob uns ein Mensch bekannt vorkommt, sympathisch erscheint und wir seine Stimme mögen. Das schafft kein Computer – aber sogar ein Kind kann dies mühelos.
Ebenso unvorstellbar hoch wie seine Rechenleistung ist die Speicherkapazität des menschlichen Gehirns. Auf CD-ROM gebrannt würden diese Daten einen Turm von rund 6,8 Millionen CDs mit 16 Kilometern Höhe und einem Gewicht von mehr als 1,2 Tonnen ergeben. Hinzu kommt, dass unser Gehirn vermutlich noch nicht einmal das einzige menschliche Datenverarbeitungsorgan ist. Nicht nur, dass unser gesamter Magen-Darmtrakt von einem Nervengeflecht umhüllt ist und seine eigenen Verdauungsregeln erstellt – sogar unser Herz, so glauben Neurobiologen, arbeitet autonom und kann in gewissem Rahmen „Entscheidungen" zur Regulierung des Organismus fällen. Aber um Ihnen auch den allerneuesten Stand der Hirnforschung mitzuteilen: Wahrscheinlich ist

unser Gehirn sogar in der Lage, auch ohne die Hilfe unserer Sinnesorgane Informationen „einzufangen“. Das bedeutet nichts anderes, als dass wir alle die Fähigkeit zur Wahrnehmung des physikalisch noch nicht Messbaren haben. Orientierung im Dunkeln oder das Registrieren von Gefahr gehören genauso dazu wie auch Vorahnungen von Tod oder Krankheit von Verwandten. Auch das Erdmagnetfeld wird vom Menschen unbewusst erspürt. Ob wir diese Fähigkeiten nutzen und trainieren, hängt selbstverständlich von Glauben, Kultur, Förderung, Interesse und Selbstsicherheit ab.

Es heißt, mit seinen Nervenzellen sei das Gehirn fähig, mehr Schaltstellen zu bilden, als Atome im Weltall sind, also fast unendlich viele. Bei jeder einzelnen gedanklichen Aktivität verschaltet unser Gehirn immerzu weitere neuronale Zellen. Hierdurch wird Denken und Lernen erst möglich. Über den genauen Grund für diese Verschaltungen herrscht in der Wissenschaft noch tiefe Dunkelheit. So gilt derzeit noch als unerklärlich, warum nicht alle Nervenzellen in einer Kettenreaktion plötzlich zusammenklumpen. Was „dosiert“ die Verschaltungen? Warum verbinden sich unsere Gehirnzellen nur unter bestimmten Umständen? Warum lernen wir nicht alle Wörter dieses Buches inklusive Seitenzahlen auswendig, so wie ein Computer es könnte? Die Antwort darauf bekommen wir, wenn wir davon ausgehen, dass ein Mensch das Bestreben nach Verwirklichung seiner eigenen Absicht, gemäß seiner Persönlichkeit hat: Die individuelle Bedeutung ist die Erklärung. Warum soll jemand die einzelnen Wörter auswendig lernen, wenn ihm dies keinen Verwirklichungsvorteil bringt? Was das Gehirn beim Lesen verschaltet, ist der Sinn eines Buches. So erlernen wir beispielsweise unsere Muttersprache wesentlich leichter und schneller als eine Fremdsprache, weil wir von unseren Eltern verstanden werden wollen. „Relevanz“ oder auch „Interesse“ heißt also dieser Filter des Bewusstseins.

Wenn Sie einem Kind etwas beibringen wollen, so muss es darin, dass es lernt, einen spürbaren Vorteil erkennen.
Was dieses Wunderwerk Gehirn noch so alles kann, habe ich in einigen meiner früheren Bücher ausführlicher beschrieben. Halten wir nur fest: Ein Mensch ist nicht dumm – im Gegenteil, er ist unglaublich lern- und speicherfähig. Er behält sein Leben lang alles Gelernte – und wenn er einen Fehler macht, so hat das immer einen Grund.

Ein Beispiel soll dies verdeutlichen: Ein Kind macht sich morgens fertig für die Schule. Es hat etwas verschlafen und ist somit spät dran. In hektischer Eile rennt es los und bemerkt erst kurz vor dem Eintreffen am Schulgebäude, dass es seinen Turnbeutel vergessen hat. Da in der ersten Stunde Sport unterrichtet wird, muss es nun noch einmal zurücklaufen und ist somit noch später im Unterricht. Das Vergessen des Beutels ist also scheinbar ein dummer Fehler. Doch diese Fehl-*leistung* kommt dadurch zustande, dass offenbar ein anderer Gedanke seinen „emotionalen Hauptspeicher" blockiert hat, etwa die Ausrede, warum es zum wiederholten Male zu spät zur Schule kommt. Die Angst vor einem Urteil, vor Kritik und Zurückweisung, also vor der Einschränkung seiner Verwirklichungsabsicht, blockiert rationales Verhalten.

Unser Gehirn macht nicht nur keine Fehler und arbeitet Aufgaben in der Reihenfolge der Wichtigkeit ab, sondern es legt auch diese Reihenfolge nach der emotionalen Bedeutung fest. Wir vergessen, wenn wir das Haus verlassen, vielleicht den Turnbeutel, ja sogar den Haustürschlüssel, aber niemals unsere Kleidung – zu wichtig erscheint es uns, auf der Straße bekleidet zu ein, als dass wir darauf verzichten würden, selbst wenn wir es sehr eilig haben. Nur wenn beispielsweise das Haus brennt, ist die Rettung des eigenen Lebens so wichtig, dass wir auf den Großteil der Kleidung bewusst oder in Panik verzichten – sie aber im eigentlichen Sinne nicht vergessen. Was nun die größte emotionale Bedeutung hat, richtet sich danach, ob das aus den Gedanken und Gefühlen resultierende Verhalten uns in unserer Absicht, unserem Bestreben weiterbringt oder blockiert. Blockaden meiden wir nach Möglichkeit.

Jegliches Verhalten folgt auf ein vorhergehendes Ereignis, ist somit erklärbar und zu verantworten – alles, was ein Mensch tut, hat immer einen Grund. Ihr Kind vergisst nichts. Es interessiert sich nur deswegen nicht für bestimmte Dinge, weil es entweder deren Bedeutung nicht erfasst oder sie aus Angst verdrängt. Wie schon gesagt, sicher sind Sie noch nie unbekleidet auf die Straße gegangen; wahrscheinlich haben Sie auch noch nie versehentlich Ihren Vornamen mit einem anderen verwechselt. Daran sehen Sie, dass die wirklich wichtigen Dinge vom Gehirn nicht überlagert werden, sondern nur Dinge von Relevanz zweiter Ordnung.

Doch was ist wichtig? Wonach richtet sich unser Verhalten aus?

Was ist das Bestreben des Menschen?

Überlegen Sie bitte einmal: Warum spielt jemand Lotto, obwohl die Gewinnchance verschwindend gering ist? Warum bringt ein Mensch sich oder andere um? Warum raucht ein Mensch, obwohl er weiß, dass der Qualm ihn krank macht, und warum schwänzt ein Schüler den Unterricht? Warum wird jemand depressiv und warum bekommt ein anderer vor Überarbeitung einen Herzinfarkt? Dass Menschen nicht dumm sind, haben wir im vorhergehenden Kapitel geklärt. Also was ist der logische und nachvollziehbare Grund für solches Verhalten?
Es gibt eine einzige Antwort auf alle diese Fragen.

Sie lautet: Weil ein Mensch bestrebt ist, seine eigene Absicht möglichst widerstandsfrei zu verwirklichen.

Der Wiener Arzt und Pionier der Individualpsychologie, Alfred Adler (1870 – 1937), beschrieb dies bereits in Ansätzen und nannte es „das Streben nach Macht". Auf diesem Streben gründe, so Adler, jegliches menschliche Verhalten, ob pathologisch oder gesellschaftskonform. Da der Begriff „Macht" bei uns Deutschen oft leider mit „Machtmissbrauch" gleichgesetzt wird, obwohl „Handlungsfähigkeit" eher das passende Synonym wäre, möchte ich für Adlers Beschreibung den etwas wertneutraleren Ausdruck „Algorithmus der Psyche" verwenden. Diese Grundformel macht menschliches Verhalten so berechenbar wie das Wetter: noch nicht sehr exakt, aber zunehmend vorhersagbarer.

Die eigene Absicht möglichst widerstandsfrei zu verwirklichen, erklärt die menschliche Vorliebe für Fernbedienungen, Distanzwaffen, Autos, Werkzeuge

und alles, mit dem man mit geringem Aufwand eine große Wirkung erzeugen kann. Hierbei wird die *Absicht* (ich will zum Spielplatz) durch die Persönlichkeit bestimmt und der subjektiv empfundene *Widerstand* (ich muss erst meine Hausaufgaben machen) durch den Grad der Entfaltungsmöglichkeit.
Zur Verwirklichung einer Absicht stehen dem Menschen drei verschiedene Strategien zur Verfügung: die Offensive, die Defensive und die Akzeptanz. Das bedeutet, entweder begegnet man dem Widerstand mit Gegendruck, mit Rückzug oder mit Diplomatie. Kinder haben nur die ersten beiden Strategien zur Verfügung. Bei Einschränkungen reagieren sie entweder mit Trotz und Protest oder Kuschen und Schmollen. Beide Strategien tragen selbstverständlich nicht zur Lösung eines Konfliktes bei, sondern dienen lediglich dem Vermeiden von Grenzberührungen. Als Grenze bezeichne ich alles, was vom Menschen subjektiv als Widerstand empfunden wird: Ablehnung, Unvermögen, Hinderung und dergleichen. Welche Strategie letztlich bei welcher Art von Grenze zur Anwendung kommt, entscheidet der Charakter.

Grundpersönlichkeit und Charakter

Grundsätzlich unterscheide ich zwischen erworbenen und fixen Eigenschaften, also zwischen dem frei variablen *Charakter* und der nicht veränderbaren, sondern nur entwicklungsfähigen *Grundpersönlichkeit*. Sie können einem Kind beibringen, wie es sich *verhalten* soll (Charakter), aber nicht, wie es sich dabei *zu fühlen hat* (Grundpersönlichkeit). Diese Unterscheidung ist insofern angebracht, als durch die Persönlichkeit des Menschen seine Absicht definiert wird – und diese zu verwirklichen trachtet er stets.

Sehen wir uns doch einmal an, wie Persönlichkeit und Charakter bestimmt oder beeinflusst werden.

Ein Mensch hat ein hochdifferenziertes Verhaltensrepertoire zur Verfügung. Es gibt wahrscheinlich keine Reaktionsvariante, die ausgeschlossen ist. Ob sich ein Kind über ein Geschenk freut, ärgert oder es ignoriert, ob es bei einer Schulhofschlägerei mitmacht, schlichtet oder weggeht und petzt – alles ist denkbar. Menschen aller Epochen waren sich dessen bewusst und versuchten, Charaktertypologien zu erstellen. Doch grundsätzlich ist jegliches Verhalten eine Folge aller Einflüsse, denen ein Mensch unterliegt – und die beginnen bereits, bei und kurz nach der Zeugung auf das Kind einzuprasseln. Der Mensch sammelt dabei alle Eindrücke und sortiert sie unterbewusst nach den Kriterien „Absicht", „Widerstand", „Effekt" und den Oberbegriffen „Interesse" und „Bedeutung" (Relevanz). Meiner Erfahrung nach liegt der überwiegende Teil aller zwischenmenschlichen Konflikte darin begründet, dass wir *weder uns noch unser Gegenüber kennen und korrekt einschätzen können*. Genau das ist der Punkt, warum das oben erwähnte psychologische Werkzeug des „Reframing" eine solch hohe Effizienz hat: Dieselbe Situation aus der Sichtweise der Gegenseite zu betrachten erzeugt eine andere Meinung und damit auch

ein anderes Verhalten. Mit diesem erweiterten Bewusstsein über die Motive des vermeintlichen Kontrahenten stehen bei einem Konflikt nun alternative Möglichkeiten offen. Stellen Sie sich vor, Sie wüssten plötzlich genau, warum Ihre Eltern Sie damals ungerecht behandelt haben, begreifen nun also deren Sichtweise, dann ändert sich auch das bisherige Empfinden. Angenommen, Sie wünschten sich als fünfjähriges Kind ein bestimmtes Spielzeug, das Sie aber trotz Bitten, Betteln und Bravsein einfach nicht bekommen haben. Ihrem kleinen Geschwisterchen aber wurde drei Jahre später so gut wie jeder Wunsch quasi von den Augen abgelesen und erfüllt – für Sie damals unverständlich. Wenn Sie nach intensivem Einfühlen in die Motive der Eltern herausfänden, dass diese womöglich aufgrund ihrer damals schlechten finanziellen Lage sparen mussten, Ihnen gegenüber jedoch ein solch schlechtes Gewissen hatten, dass sie es beim nächsten Kind einfach besser machen wollten, dann ändert das augenblicklich Ihr Denken und Fühlen angesichts des vermeintlichen Unrechts. Was vorher unfair erschien, wird nun nachvollziehbar, logisch und damit verzeihbar. „Denkst du anders, lebst du anders“, sage ich dazu.
So erleben wir in der Kindheit viele Dinge, die uns beeinflussen, aber nicht für immer und ewig prägen müssen. Unser Charakter ist formbar – in die eine, aber auch in die andere Richtung.

Wie komplex Persönlichkeit und Charakter sein können und wodurch sie zustande kommen, habe ich erstmals in meinem Buch „Liebe, Sex und Partnerschaft“ beschrieben. Hier möchte ich aber noch ein paar für die „Kindesbegleitung“ wesentliche Punkte vertiefen.

Ihr Einfluss beginnt im Mutterleib

Bereits in der dritten Schwangerschaftswoche – zu dieser Zeit weiß eine Mutter meist noch gar nicht, dass sie überhaupt schwanger ist – beginnt unser Herz zu schlagen und unsere ersten Nervenzellen entwickeln sich. Mit Letzteren sind wir in der Lage, chemische Unterschiede aus dem mütterlichen Blut in unserer Umgebung zu registrieren. Allerdings gibt es in der Gebärmutter noch nicht allzu viele spürbare Unterschiede – es ist für den Follikel immer einigermaßen gleich warm und gleich dunkel. Doch ab diesem Zeitpunkt ist der kleine Zellknubbel, der zweieinhalb Wochen später unser Nervenzentrum ist, bereits in der Lage zu spüren, ob sich Stresshormone, Glückshormone, Schlafhormone oder etwa Drogen in seiner Umgebung befinden. Das Kind tritt in Interaktion mit dem mütterlichen Körper. Es beginnt, im weitesten Sinne, zu *denken!* Nach etwa weiteren sechs Wochen nennt man diesen kleinen „Haufen" von Nervenzellen, der sich stetig weiterentwickelt, bereits „Gehirn". Im Alter von etwa fünf Monaten bekommt das Kind sogar eine ganz genaue Vorstellung davon, ob es im Bauch willkommen ist oder etwa ungewollt. Es braucht sich lediglich beim mütterlichen Organismus bemerkbar zu machen, etwa indem es sich herumdreht oder von innen gegen Mutters Bauchdecke tritt. Das tut es ab diesem Zeitraum für gewöhnlich und bekommt darauf die Antwort seiner Mutter in Form von Neurotransmittern, die durch die Nabelschnur direkt zum embryonalen Gehirn rasen und ihm die gleichen Gefühle ermöglichen, die seine Mutter empfindet. Entweder sie freut sich, ihr Kind zu spüren, dann bekommt dieses einen Endorphinstoß, der als Glücksgefühl wahrgenommen wird; oder sie ist verzweifelt, weil sie gar kein Kind will, dann spürt der Embryo einen Adrenalinstoß. Dieses Stresshormon wird von einem Ungeborenen fast wie ein Stromschlag empfunden. Wenn das Kind diese Erfahrung ein paar Mal gemacht hat, schlussfolgert es, dass es offenbar eine ganz schlechte Idee ist, sich allzu deutlich bemerkbar zu machen. Depressionen und Introvertiertheit nehmen somit ihren Ursprung bereits vor der Geburt, bedingt durch die sich zunehmend ausbildende Verschaltungsfähigkeit, „Intelligenz" genannt. Wenn Sie also ein Kind gezeugt haben, dann seien Sie als Mutter vorsichtig mit dem, was Sie dem Kind gegenüber empfinden, und dem, was Sie überhaupt empfinden. Das Beste wäre, Sie vermeiden angstmachende Situationen während der gesamten Schwangerschaft. Marlies Simon, eine befreundete, sehr erfahrene Hebamme, erklärte mir einmal, dass allein das „besorgte Herumgewiesel" eines unerfahrenen Arztes eine junge Mutter derart unter Stress setzen könne, dass das Kind vorzeitig die Wehen auslöst. Zur Erklärung sollte man wissen, dass die Geburt tatsächlich vom Embryo mittels eines chemischen Signals veranlasst wird und nicht vom mütterlichen Organismus. Der junge Mensch registriert, wann seine Entwicklungsmöglichkeiten in seiner bisherigen Umgebung erschöpft sind, und entscheidet, sein Dasein an einem anderen Ort fortzusetzen. Ich begreife das embryonale Auslösen der Geburt als eine Art Selbstmord. Der Embryo hat selbstverständlich keine Todesabsicht, aber die hat ein Suizidaler ebenso nicht. Er will lediglich die Bedingungen des Jetzt verändern und nimmt dafür alles in Kauf. Die Geburt ist damit, so zeigt sich in der täglichen Praxis durch Befragung in Hypnose, ein notwendiges Übel, das man nicht noch verschlimmern sollte. Doch genau das geschieht in den zivilisierten Ländern zumeist. Hierdurch wird oft bereits den kleinen Neuankömmlingen in unserer Gesellschaft ein Trauma bereitet, welches man mit psychologischen Analyseverfahren noch bis ins hohe Alter nachweisen kann. Der Charakter mit all seinem Konfliktpotenzial entstammt quasi unserer frühesten Kindheit. Die meisten unserer Verhaltensmuster werden in dieser Zeit unterbewusst entworfen. Übrigens: Natürlich streite ich nicht ab, dass Erbanlagen ebenfalls ihren

Anteil am Erscheinungsbild eines Menschen haben, da aber die DNS, der Speicherort unserer Erbanlagen, sich ebenfalls durch die Lebensweise verändern kann, lege ich mein Augenmerk lieber auf „das Huhn“ und nicht auf „das Ei“. Ich siedele die Charakterbildung also beim bereits gezeugten Menschen an. Die *Grundpersönlichkeit* hingegen nimmt ihren Ursprung möglicherweise durchaus noch deutlich früher: bei der Zeugung.

Tierkreiszeichen – festgelegte Persönlichkeitsmerkmale?

Genau das sollten wir uns bewusst machen, bevor wir von Erziehung reden: Kinder sind zur Geburt bei Weitem kein unbeschriebenes, weißes Blatt mehr.

Bei meinen Analysegesprächen lasse ich mir immer das Tierkreiszeichen des Kunden nennen, um somit einen einfachen analogen Rückschluss auf seine grundsätzlichen Eigenschaften anbieten zu können. Das ist natürlich nur ein kleiner Aspekt seines Wesens, aber wenn man sich etwas damit auskennt, ein sehr nützlicher. Ich empfehle Ihnen daher dringend, sich mit der Grundpersönlichkeit Ihres Kindes zu befassen, denn allein mit diesem Wissen werden Sie bereits eine Vielzahl von Konflikten umgehen können. Machen Sie mit mir also nun einen Abstecher in ein Gebiet, das von den meisten Wissenschaftlern aus ideologischen Gründen ignoriert oder gar negiert wird, aber der Charakterisierung eines Menschen durchaus zuträglich sein kann.

Ich begreife mich selbst als Naturforscher und sage daher standesgemäß: *Beobachtbares muss erklärbar sein und Erklärbares ist anwendbar*. Nur weil wir derzeit noch nicht die Erklärung für das Zustandekommen von Sternzeichen-Eigenschaften kennen, heißt das noch lange nicht, dass man diese ignorieren kann. Schließlich ist es bislang auch noch keinem Physiker gelungen zu erklären, aus welchem kausalen Grund ein Magnet Eisen anzieht. Die Begründung endet immer bei irgendwelchen Kräften – doch damit ist noch nicht geklärt, warum es diese Kräfte gibt und wie sie zustande kommen. Die astrologischen Eigenschaften sind beobachtbar und sogar kultur-, erziehungs-, spezies- und geografieunabhängig. Sie finden diese bei Mensch und Tier auf der ganzen

Erde, sagen diejenigen, die sich damit auskennen. An der Universität hörte ich einmal eine psychologische Erklärung für die „Sternzeichen-Eigenschaften", die davon ausgeht, dass die Geburts-Jahreszeit eine Rolle bei der Persönlichkeitsbildung spiele. So registriert ein Wintergeborener in den ersten Monaten seines Lebens, dass die wahrnehmbare Welt um ihn herum zunächst dunkel, kalt und trostlos ist und parallel zu seiner eigenen Entwicklung immer heller, wärmer und reizvoller wird. Im Gegensatz dazu würde ein im Spätsommer geborenes Kind die genau gegenteilige Beobachtung machen: Je mehr es sich entwickelt, desto eingeschränkter wird die Welt um ihn herum, weil es im Winter kälter, dunkler und ungemütlicher wird. Das war zugegebenermaßen eine sehr verlockende Erklärung dafür, warum die im Januar/Februar geborenen Wassermänner Entwickler und die Jungfrauen Bewahrer sein sollen – doch leider greift dieses Modell nicht auf der Südhalbkugel der Erde. Da ist im September nämlich Winter und die Jungfrauen erleben, dass die Welt langsam aufblüht. Und dennoch sind auch auf der anderen Seite der Erde die Grundpersönlichkeiten analog zu den Eigenschaften, die den Tierkreiszeichen zugesprochen werden!

Da ich selbst kein Astrologe bin, empfehle ich für detaillierte Ausführungen das Buch „Sternenkompass" der australischen Astrologin Mystic Medusa[1]. Sie beschreibt treffend und humorvoll mit scharfer Beobachtungsgabe und kosmopolitischem Background die Eigenschaften der Tierkreiszeichen.

Da angeborene Persönlichkeitsmerkmale oftmals im Verdacht stehen, nichtgesellschaftskonformes Verhalten zu begünstigen (so heißt es, die Widder

1 Mystic Medusas Sternenkompass, Goldmann 2008

seien Sturköpfe und die Löwen eitel), werden sie meist erzieherisch unterdrückt. Sie sind aber nach meiner Erfahrung immer vorhanden und niemals zu überwinden. Und damit sind sie weder gut noch schlecht.
Im Folgenden finden Sie eine grob vereinfachte Typisierung. In einigen Tabellen gibt es teilweise unterschiedliche Anfangsdaten der Tierkreiszeichen – meiner Erfahrung nach können Sie das vernachlässigen, wenn wir in den Übergangszeiten von „Mischtypen" ausgehen. Im Internet finden Sie unter http://www.urbia.de/services/horoskop_kindes_charakter eine Seite mit Kinder-Sternzeichen, die in Details von meinen Ausführungen zwar etwas abweichen, aber im Allgemeinen weitestgehend übereinstimmen und sehr trefflich beschrieben sind.

Grundsätzlich haben wir es bei den Erdzeichen mit „Machern", bei den Luftzeichen mit „Denkern", bei den Wasserzeichen mit „Fühlern" und den Feuerzeichen mit „Stürmern" zu tun. Die meisten Astrologen messen dem Aszendenten (das ist der Aspekt, der durch die Geburtsstunde angezeigt wird) ohnehin mehr Bedeutung bei als dem Sonnenzeichen (dem, was wir im Allgemeinen Sternzeichen nennen). Dennoch glaube ich: Es kann nicht schaden, ein wenig über die Sonnenzeichen Bescheid zu wissen, um in bestimmten Situationen weniger überrascht zu sein. Zur Veranschaulichung: Wenn Sie mit Ihrem Auto auf eine große Kreuzung zufahren und plötzlich biegt aus dem Gegenverkehr ein Fahrzeug links ab und zieht in Ihre Spur – was tun Sie? Sie fluchen und ärgern sich vielleicht – aber nicht, wenn das Fahrzeug vorher links blinkte, denn dann wissen Sie ja, was Sie erwartet. Damit Sie also in etwa wissen, wie Ihr Kind *grundsätzlich* tickt, schlagen Sie in der folgenden Tabelle nach. Die Angaben beziehen sich auf den jeweils mittleren Drittelabschnitt des Zeitraumes (mittlere Dekade).

Steinbock (21.12. – 19.01.[2] / Erde)

Frage: Was macht ein Steinbock-Kind mit einem Apfelbaum?
Antwort: Es sägt aus Brettern einen Stand und verkauft die Äpfel an seine Freunde.

Der Steinbock baut nicht auf Sand, sondern setzt auf solides Fundament. Er sichert seinen eigenen Standpunkt. Rutscht jemand neben ihm in die Tiefe, erntet dieser vom Steinbock bestenfalls Bedauern. Der Steinbock ist taktisch und furchtlos und hat einen Hang zum materiellen Luxus. Er möchte etwas erreichen, wobei ihm seine Ausdauer dabei ein nützlicher Begleiter ist. Der Steinbock ist verantwortungs- und pflichtbewusst und kann sich erst dann entspannen, wenn sein Tagespensum erreicht ist. Das Problem dabei ist nur, dass es selten erreicht wird, da er sich zu viel vornimmt. Tiefsinnige Gespräche lassen sich mit einem Steinbock gut führen. Er ist potenzieller Unternehmenskapitän, der andere arbeiten lassen kann. Verschlossen und diszipliniert, muss er sich aber alles erarbeiten. Braucht viele Kuscheleinheiten, um seine Selbsthärte auszugleichen.

Konfliktpotenzial: Der Steinbock ist materiell und wenig kompromissbereit.

2 Anfangs- und Enddaten variieren etwas, je nach astrologischer Auffassung.

Wassermann (20.01. – 19.02. / Luft)

Frage: Was macht ein Wassermann-Kind mit einem Apfelbaum?
Antwort: Es klettert in die Krone, denkt sich ein Baumhaus und beobachtet die Sterne.

Der Wassermann sprengt Grenzen. Alles Skurrile und Außergewöhnliche zieht ihn magisch an. Er ist schwer einzuschätzen und manchmal auch unberechenbar, aber niemals langweilig. Die große Stärke ist sein Ideenreichtum, allerdings fehlt es ihm an Durchhaltevermögen. Wassermänner blicken weit voraus. Eine seiner sympathischsten Eigenschaften ist die Kameradschaftlichkeit, allerdings auch völlige Unverbindlichkeit. Der Wassermann ist hilfsbereit und für seine Freunde immer da. Ein kreativer Denker, der leider seinen Körper oft ignoriert, da ihm der Geist wichtiger ist. Jedes Gesetz wird auf Tauglichkeit geprüft und gegebenenfalls durch eine sinnvollere Regel ersetzt – notfalls auch ohne die Zustimmung der anderen. Ist bestrebt, etwas für die Ewigkeit zu schaffen, zweifelt diese jedoch per se an. Das Auswendiglernen eines Gedichts können Sie beim Wassermann-Kind vergessen – doch wenn es will, überfliegt es den Inhalt, begreift diesen und fasst ihn mit drei Sätzen zusammen. Lassen Sie es früh viel entscheiden, pochen Sie nicht auf Autorität. Visuelle Hilfen sind günstig beim Lernen!

Konfliktpotenzial: Der Wassermann fühlt sich oft durch Regeln bevormundet und unterschätzt.

Fische (20.02. – 20.03. / Wasser)

Frage: Was macht ein Fische-Kind mit einem Apfelbaum?
Antwort: Es träumt, es wohne im Inneren des Baumes mit einem Baumgeist.

Fische sind emotional und sensibel. Inspiration und Eingebung sind ihre Stärken. Der Fische-Geborene ist sehr fantasievoll und hat einen ausgeprägten Sinn für Gerechtigkeit und Gutmütigkeit. Ein Forscher im Dienste der Menschheit. Familie ist nicht seine Stärke. Für Spirituelles durchaus zu begeistern. Feinfühlig und verträumt. Will alles ergründen – ist kein Befehlsempfänger und völlig glaubensresistent gegenüber neuen Erkenntnissen. Neigt bei Konflikten eher zum Rückzug in die tiefsten Nischen. Braucht ein eigenes Zimmer und Harmonie. Kein teures Spielzeug nötig, aber möglichst viele Kuscheltiere!

Konfliktpotenzial: Die Fische ziehen sich bei Kritik sehr zurück und verweilen dort auf unbestimmte Zeit.

Widder (21.03. – 20.04. / Feuer)

Frage: Was macht ein Widder-Kind mit einem Apfelbaum?
Antwort: Es rennt dagegen, schlägt sich die Nase auf und klettert hoch, fällt wieder herunter, verstaucht sich ein Bein und humpelt zufrieden nach Hause.

Der Widder ist entschlusskräftig und strebt immer nach vorn. Ist dabei oft ungestüm. Macht seine Spielregeln selbst. Schwer zu führen. In jedem Widder steckt der Glaube an seine eigene Kraft. Er ist energiegeladen und voller Mut. Komplizierte Zusammenhänge liegen ihm nicht besonders, da er schnell aktiv am Geschehen beteiligt sein will. Ein Widder ist risikobereit und schätzt ehrliche und offene Worte. Neigt zu Verletzungen. Will seine Grenzen erweitern, indem er an sie stößt. Kommen Sie nicht auf die dumme Idee, einen Widder mit einem geplanten Kaiserschnitt zu holen oder mit wehenunterdrückenden Mitteln an der Geburt zu hindern – sein Trotz verfolgt Sie bis ins Grab! Wacher Geist, ordnet sich aber schwer ein. Günstig: Lernwettkämpfe für Vokabeln und Experimente.

Konfliktpotenzial: Der Widder fühlt sich durch die Vorsicht anderer oft ausgebremst.

Stier (21.04. – 21.05. / Erde)

Frage: Was macht ein Stier-Kind mit einem Apfelbaum?
Antwort: Es breitet eine Decke aus, setzt sich gemütlich an den Stamm, isst in Seelenruhe alle Äpfel auf und lässt sich von den Sägegeräuschen hinter sich erst stören, wenn der Baum umfällt. Rastet dann allerdings aus.

Ein Stier ist ein sinnlicher Mensch mit Geschmack und ein Genießer. Er kann sehr realistisch, also an der sinnlich erfassbaren Realität orientiert sein, strebt nach Besitz und Sicherheit. Arbeitet hart an seinen Zielen, bis er sie erreicht hat – und immer schön eines nach dem anderen. Geduld und Kreativität sind seine Stärken, allerdings kann diese Geduld manchmal in Unflexibilität ausarten. Der Stier ist derart leistungsbereit, dass er sich oft zu viel Arbeit auflädt. Neigt zu Übergewicht und Konsum, wenn man ihn an seiner Verwirklichung hindert. Liebt alles Körperliche, also auch Sport, Tanz und Sex, und versäumt, seine Mitmenschen rechtzeitig vor deren Grenzüberschreitungen zu warnen – und dann kann es oft zu Wutausbrüchen kommen. Geht gern zur Schule; lernt langsam, aber gründlich. Ermuntern Sie ihn, zu viel Druck schadet nur.

Konfliktpotenzial: Der Stier verliert die Beherrschung, wenn er keine Zeit und Ruhe für seine Aufgaben bekommt.

Zwillinge (22.05. – 21.06. / Luft)

Frage: Was macht ein Zwillinge-Kind mit einem Apfelbaum?
Antwort: Es geht zum Birnenbaum.

Zwillinge sind ein wenig wie Schmetterlinge: unberechenbar und flatterhaft. Der Zwillinge-Geborene braucht Abwechslung. Größte Stärke: Kontakte knüpfen. Ihn zu beurteilen ist schwierig, da er selbst nicht genau weiß, was er im nächsten Moment tun wird. Vielseitig, aber auch unruhig und ungeduldig. Deshalb wechselt der Zwilling gern seine Überzeugung oder auch den Beruf. Ist ständig in Bewegung, daher oft viel schneller als andere, erledigt viele Dinge auf einmal. Schmusebedürftig, aber auch zickig. Lästert gerne. Wird oft missverstanden, weil der Zwilling, ähnlich wie der Stier, zu spät auf Grenzen hinweist. Anstrengende Diskussionen. Freut sich auf die Schule, ist voller Ideen (auch für Streiche). Braucht viele Anregungen.

Konfliktpotenzial: Der Zwilling ist unberechenbar und entflieht der Eintönigkeit.

Krebs (22.06. – 21.07. / Wasser)

Frage: Was macht ein Krebs-Kind mit einem Apfelbaum?
Antwort: Es sammelt die heruntergefallenen Äpfel ein und pustet tröstend auf deren Druckstellen, umarmt den Baum, erfasst dabei intuitiv dessen Alter und fühlt sich dadurch klein, unwichtig und somit geborgen.

Der Krebs ist anhänglich, fürsorglich, harmoniebedürftig, lernbegeistert, wenn man ihn nicht zum Pauken zwingt. Bereit zu verzeihen und Opfer zu bringen. Sucht die Fehler bedauerlicherweise immer zuerst bei sich statt bei anderen. Krebschen ist schüchtern und vorsichtig. Will nie richtig erwachsen werden und tut sich mit dem Loslassen schwer. Loyal, intelligent, aber sehr leicht zu verletzen. Zielstrebig, wenn er sich in Sicherheit fühlt, scheut seine Grenzen, überrascht durch Energieausbrüche. Will zunächst ungern in Kindergarten und Schule, sondern lieber zuhause bleiben. Sie sollten Ihren Krebs viel loben und unterstützen.

Konfliktpotenzial: Der Krebs reagiert auf Kritik und Harmoniestörungen mit Rückzugsstrategien und Minderwertigkeitsgefühlen.

Löwe (22.07. – 22.08. / Feuer)

Frage: Was macht ein Löwe-Kind mit einem Apfelbaum?
Antwort: Es schnitzt seinen Namen in den größten Baum und lässt sich damit fotografieren, derweil er großzügig Opas Äpfel verschenkt.

Der Löwe genießt den Mittelpunkt. Will eine Wirkung auf Menschen haben. Herrscht über andere als gütiger Regent und ist loyal – verlangt auch Loyalität. Schafft mit viel Herz Strukturen und Regeln. Hat Prinzipien und ist daher etwas stur. Ist gerne erwachsen, wenn man ihm seine Bühne lässt, die er spielerisch und gestenreich betritt. Trägt häufig nicht zu bändigendes Haupthaar. Ignorieren Sie ein Löwenkind, stehen Sie auf seiner Negativliste. Eigenständig, übernimmt früh Verantwortung, aber überschätzt sich dabei. Viel loben, zum Beispiel Urkunden an die Wand hängen.

Konfliktpotenzial: Der Löwe verkraftet es nicht, Rangletzter sein zu müssen, und lässt sich jedes Mittel recht sein, um dies zu kompensieren.

Jungfrau (23.08. – 22.09. / Erde)

Frage: Was macht ein Jungfrau-Kind mit einem Apfelbaum?
Antwort: Es beobachtet, wie die anderen Kinder hochklettern, übt an einem Klettergerüst, geht pünktlich nach Hause und beschließt, morgen Nachmittag auf den Baum zu klettern.

Die Jungfrau ist akribisch, sehnt sich nach Struktur und Ordnung, kritisiert oft und fühlt sich schnell alleingelassen und unverstanden. Sucht die Fehler zunächst bei anderen. Sucht Sicherheit in äußeren Strukturen. Eine Jungfrau braucht ganz konkrete Anleitungen. Ist zuverlässig und detailversessen. Kann komplizierte Dinge auswendig lernen, ohne sie begreifen zu müssen. Leicht zu erschüttern, außer sie kann sich an etwas Stabilem festhalten. Sehr interessiert an Naturwissenschaften, gut organisiert. Frühe Einschulung günstig. Zu Gesprächen und Sport ermuntern. Kritisiert oft vor sich hin.

Konfliktpotenzial: Die Jungfrau wendet sich von Undurchsichtigem und Chaotischem ab, verteidigt dabei aber sehr vehement ihren Standpunkt.

Waage (23.09. – 22.10. / Luft)

Frage: Was macht ein Waage-Kind mit einem Apfelbaum?
Antwort: Es fegt um ihn herum alle Blätter weg, schneidet herunterhängende Zweige ab und lädt seine Freunde zu einer Apfel-Party ein.
Die Waage versucht, gutmütig und ausgleichend zu sein. Hat einen extremen Gerechtigkeitssinn, was oft zu vorschnellen Urteilen führen kann. Denkt und tüftelt gerne und ist harmoniebedürftig. Wird oft als unloyal missverstanden, da ihr Gerechtigkeit über Freundschaft geht. Glaubt, es gäbe nur eine Wahrheit – ihre. Arbeitet gerne mit dem Kopf und den Händen. Große Liebe zu Ästhetik, Ordnung und Eleganz. Braucht die Geselligkeit. Meist ohne Probleme im Schulunterricht; benötigt manchmal Hilfe, um bei Konflikten das rechte Maß zu behalten!

Konfliktpotenzial: Die Waage kann bei fehlender Fairness unverhältnismäßig selbstgerecht werden.

Skorpion (23.10. – 22.11. / Wasser)

Frage: Was macht ein Skorpion-Kind mit einem Apfelbaum?
Antwort: Es weiß, dass der Baum ein Geheimnis haben muss, und sucht daher den Kaninchenbau darunter nach Schlangen, Schätzen oder Knochen ab. Nachdem er über eine Wurzel stolpert, schwört er insgeheim, nie wieder zum bösen Baum zu gehen, da die Äpfel sowieso vergiftet sind.

Der Skorpion ist empfindlich und daher extrem verletzlich. Hört das Gras wachsen, bevor es gesät ist. Ist gern geheimnistuerisch, hasst es aber, wenn andere vor ihm Geheimnisse haben. Glaubt, sich schützen zu müssen, und ist misstrauisch. Handelt vorstellungsbezogen und ist daher auf die Einhaltung seines Plans angewiesen; Abweichungen von diesem werden als Störungen registriert. Der Skorpion erlebt auch oft Streitigkeiten und Kampf, oder – im anderen Extrem – Zurückgezogenheit und scheinbare Unterwürfigkeit. Sehr harmoniebedürftig. Hang zu Düsterem. Schreckt nicht davor zurück, sich bei Streitigkeiten unversöhnlich und ohne Wiederkehr zu distanzieren. Ermuntern Sie ihn zu mehr Lebensfreude (zum Beispiel Herumalbern). Bei Verboten ganz konsequent bleiben. Machtkämpfe mit den Eltern! Stabiler Tagesablauf ist wichtig.

Konfliktpotenzial: Der Skorpion kann bei geringster Verletzung die soziale Beziehung komplett in Frage stellen.

Schütze (23.11. – 20.12. / Feuer)

Frage: Was macht ein Schütze-Kind mit einem Apfelbaum?
Antwort: Es knüpft eine Schaukel an die preisgekrönte Edelobstsorte, genießt schaukelnd den Tag – und versteht gar nicht, warum der Gärtner sich so aufregt.

Wenn der Schütze nach gründlichem Anvisieren ein Ziel hat, dann drückt er auch ab. Lässt sich nicht gerne aufhalten. Kann Menschen begeistern, braucht sie aber eigentlich nicht, um erfolgreich zu sein. Kann schnell entscheiden und steht dazu. Zieht leider selbst dann sein Vorhaben durch, wenn sich zwischenzeitlich herausstellt hat, dass es das Falsche ist. Abgedrückt ist eben abgedrückt für den Schützen. Fühlt sich schnell gestört und bevormundet, hält sich nicht gern mit tiefschürfender Tragik auf. Voller Energie, hat oft Probleme bei Disziplin und Konzentration.

Konfliktpotenzial: Der Schütze kann durch Appelle an seine Empathie überaus trotzig werden.

Ich kenne die Bedenken, die viele von Ihnen beim Thema „Sternzeichen" äußern werden: „Herr Winter, Astrologie ist unwissenschaftlich!", „Lassen Sie die Tierkreiszeichen weg, ein Mensch lässt sich nicht so einfach kategorisieren!", „Die Kategorien sind so allgemein gehalten, dass sich jeder darin wiedererkennen kann!" – und so weiter. Doch wenn Sie sich oder andere Menschen in dieser Auflistung der Persönlichkeitsmerkmale nur ein wenig wiedererkannt haben, dann wissen Sie, dass Dinge, die wir noch nicht kausal erklären können, nicht zwangsläufig Unfug sein müssen.
Wenn diese Eigenschaften ignoriert beziehungsweise unterdrückt werden, dann geraten sie zur größten Schwäche ihres Besitzers: So kann ein Widder stur, ein Löwe herrschsüchtig, eine Jungfrau zögerlich und penibel und eine Waage selbstgerecht werden. Fische und Skorpione können überempfindlich, Wassermänner und Zwillinge weltfremd und zurückgezogen werden – und dies alles nur, weil die Eltern bei der Kindeserziehung nicht wissen konnten, dass Kinder bei der Geburt keine unbeschriebenen Blätter sind, beziehungsweise sich vielleicht sogar weigerten anzuerkennen, dass es eine Grundpersönlichkeit gibt.

Hinzufügen möchte ich, dass die Eigenschaften des Sonnenzeichens, also des so genannten „Sternzeichens“, wahrscheinlich nicht mit der Geburt entstehen, sondern *bei der Zeugung*. Der errechnete Geburtszeitpunkt liefert also den Hinweis auf das Zeichen und bedeutet, dass Sie als Mutter bereits neun Monate lang einen Widder/Löwen/Wassermann und so weiter unter dem Herzen tragen und dieser entsprechend seiner Grundpersönlichkeit auf empfundene Grenzen reagiert. Das ist ungefähr so, als ob Sie Ihr Frühstück aufgrund von Zwischenfällen nicht um neun Uhr einnehmen können, sondern erst um zwölf Uhr. Damit ist es kein Mittagessen, sondern bleibt mit Toast, Eiern und Orangensaft ein Frühstück – zur falschen Zeit. Wenn Sie sich also nicht wiedererkannt haben, liegt das wahrscheinlich daran, dass Sie außerhalb Ihres natürlichen Geburtstermins zur Welt gekommen sind. Schauen Sie dann in der obigen Liste dort nach, wo Sie normalerweise zu finden wären, wenn Sie eine pünktliche Geburt gehabt hätten. Der Aszendent hingegen hat tatsächlich mit der Geburt zu tun, wirkt aufgrund der zeitlichen Unschärfe auch nicht so dominant wie das Sonnenzeichen.

Weshalb ich also dringend anrate, das Thema trotz aller Bedenken ernst zu nehmen, zeigt folgendes Beispiel, das mir aus erster Hand zugetragen wurde: Die beiden fünfjährigen Jungen Tim[3] und Pascal spielen Memory, ein Spiel, bei dem es darum geht, aus verdeckten Kärtchen möglichst viele Kartenpaare aus gleichen Motiven zu bilden. Hierbei muss man sich die Lage der vorübergehend aufgedeckten Karten für den nächsten Spielzug merken. Pascal, ein strukturbedürftiger, ordentlicher Jungfrau-Geborener, dreht spielregelgerecht zwei Karten um und bemüht sich redlich, Paare zu finden. Tim, ein innova-

3 Namen und biografische Angaben sind aus Gründen des Datenschutzes stark verändert.

tiver und lösungsorientierter Wassermann, dreht entgegen den Regeln alle Karten gleichzeitig um, legt die offenliegenden Paare zusammen und sagt: „Fertig! Können wir endlich zum Spielplatz gehen?“ Für ihn ist die Aufgabe, viele Paare zu bilden, gelöst. Das Ganze wäre amüsant, wenn nicht Tims Vater, ebenfalls Jungfrau-Geborener, fast verzweifelt wäre und seinen Sohn für offenbar „entwicklungsgehemmt“ hielt und als „lernbehindert“ einstufte. Tim fiel auch weiterhin dadurch auf, dass er Mühe hatte, komplizierten und für ihn sinnlosen Regeln zu folgen. In der Schule setzte sich dann der Teufelskreis aus Missverständnis und Frustration fort. Viele andere Menschen, darunter beispielweise seine Großeltern, haben überhaupt keine Schwierigkeiten mit dem geistig hellwachen Jungen: Doch seit zwei Jahren bekommt der intelligente, aber missverstandene Tim von seinen Eltern die Schülerdroge Ritalin – ein Ende der Medikation ist dabei nicht absehbar. Hätte sein Vater gewusst und verstanden, dass sich Wassermänner generell mit sinnlosen Regeln schwertun, dafür aber unkonventionelle Problemlösungen finden, wäre er auf seinen Sohn womöglich stolz gewesen oder könnte ihn zumindest adäquat fördern.

Meine These zu den physikalischen Hintergründen des Tierkreiszeichen-Phänomens habe ich versucht, in einem Vortrag **„Sternzeichen – Aberglaube oder Physik?“** zu erläutern (81 Min., MP3-CD, zu bestellen im Internet unter www.powerscout.net).

Erworben und veränderbar: Der Charakter

Die Grundpersönlichkeit ist dieser Vorstellung nach also bereits im Mutterleib vorhanden und absolut unveränderlich. Hinzu kommt selbstverständlich noch der so genannte Charakter, also die „individuelle Handschrift“, mit der diese Grundpersönlichkeit ausgelebt wird. Dieser wird geprägt durch unsere Eindrücke und Erfahrungen, welche, so zeigt die Praxis, durchaus bereits in Zeiten vor der letzten Zeugung, also in „früheren Leben“, erworben sein können. Menschen aus allen Kulturkreisen können offenbar in einer einfachen leichten Ruhephase dazu angeregt werden, sich an ein Vorleben zu erinnern. Diese Einflüsse können sich über Hunderte von Jahren im Charakter bemerkbar machen, sind aber durch Erkenntnisse leicht zu verändern. Der Charakter ist also das, was Sie durch Erziehung beeinflussen können. Er wird beispielsweise geformt durch soziale Rollen, in die ein Mensch sich einordnet, durch die Art, wie wir behandelt oder beachtet werden, oder auch dadurch, ob sein Handeln erfolgreich ist oder zur Frustration führt. Hierbei zeigt sich in erschreckender Deutlichkeit, dass Frustrationen, Erniedrigungen und Zurückweisungen beim Kind eine wesentlich höhere emotionale Eindruckstiefe hinterlassen als Glücksgefühle und Erfolgserlebnisse. Von all den von uns befragten Probanden erinnert sich die überwiegende Mehrheit als „erste Kindheitserinnerung“ an ein negativ empfundenes Erlebnis. Der Charakter scheint also leichter durch unangenehme Eindrücke geformt zu werden – welche leider oftmals Ängste, also Blockaden und Rückzugsstrategien, erzeugen. Die Relevanz dieser Beobachtung erkannte schon der oben erwähnte Alfred Adler, dessen Individualpsychologie auf der Annahme basiert, dass alle erworbenen Psychopathologien einen frühkindlichen Ursprung haben müssen. So beschrieb Adler in seinem Buch „Menschenkenntnis“[4] bereits 1927, dass der Charakter des Menschen nicht angeboren sei, sondern bereits im Säuglingsalter sehr früh erworben werde, was in der Konsequenz eine sehr hohe Verantwortung für die Erziehungsaufgabe der Eltern bedeutet. Adler untersuchte bei seinem psychotherapeutischen Vorgehen immer das früheste Kindheitserlebnis seiner Patienten, um daraus das Grundmuster der Verhaltens- und Empfindensstörung abzuleiten. Leider zerstritt sich Alfred Adler damals mit dem immer einflussreicher werdenden Sigmund Freud, sodass seine Lehren trotz bahnbrechender Erfolge von der zeitgenössischen Psychotherapeuten-Szene vernachlässigt wurden. Doch genau auf Alfred Adlers Ansatz fußt unsere Methode, mittels der wir in unserem Institut heutzutage innerhalb von manchmal wenigen Minuten Verhaltensstörungen aufdecken und auflösen können. Der Charakter, die Art und Weise, mit der wir durchs Leben gehen, ist nun einmal veränderlich – und er bleibt es ein Leben lang. Es kommt dabei nur auf die emotionale Eindruckstiefe an, wie sehr und wie schnell sich ein Verhaltensmuster ändert. *Je beeindruckender eine Erkenntnis ist, desto gründlicher ändert sich das betroffene Verhaltensmuster.*

Die Frage, welche der drei Strategien Offensive, Defensive und Akzeptanz für Weiterentwicklung und Konfliktbewältigung zum Einsatz kommt, hängt also im Wesentlichen davon ab, welche positiven Erfahrungen ein Kind im Umgang mit Konflikten gemacht hat. Selbstwertgestörte Menschen, denen bereits geringster Widerstand wie eine unüberwindbare Grenze vorkommt, haben meist enorme Schwierigkeiten, das kindliche Strategiemuster zu verlassen. Diploma-

4 Alfred Adler: „Menschenkenntnis“, Fischer Taschenbuch Verlag, Frankfurt 1966

tische Lösungen, Souveränität und Akzeptanz scheiden aus dem Repertoire eines Selbstwertgestörten aus.

Konditionierungen und Verhaltensmuster

In den ersten 36 Monaten des Lebens (ab Zeugung gerechnet) verfügt der Mensch über keinerlei rationales und zeitliches Erfassungsvermögen. Weder Zukunft noch Vergangenheit fließen in die kontextuelle Orientierung des Kindes mit ein. Die US-Forscher Yuko Munakata, Christopher Chatham und Michael J. Frank von der University of Colorado in Denver zeigten in einer Studie, dass Kinder bis etwa zum sechsten Lebensjahr nur sehr begrenzt eine Verbindung zwischen Gegenwart und Zukunft herstellen können. Erst mit rund 18 Jahren gelingt es einem Menschen aufgrund eigener präziser Zukunftsvoraussagen, gezielt proaktiv (also selbstauslösend, anstelle von reaktiv) zu handeln. Doch in den ersten drei Jahren, so zeigt die Praxis, fehlt diese Fähigkeit völlig, sodass es noch gänzlich sinnlos ist, einem Vorschul-Kind Vorsichtsmaßnahmen wie „Zieh dir eine Jacke an, draußen ist es kalt" nahebringen zu wollen. Das Kind muss erst *erleben*, dass es kalt ist, und handelt danach dementsprechend. „Ab etwa vier Jahren entwickeln Kinder genügend Einfühlungsvermögen, um sich vorstellen zu können, was andere denken und fühlen. Dann erst sind sie in der Lage einzusehen, dass sie vielleicht selbst noch etwas warten müssen, weil dringende Bedürfnisse anderer (zum Beispiel der knurrende Magen des hungrigen Brüderchens) zuerst erfüllt werden müssen. Kinder haben nun die Möglichkeit, ihre Handlungen zu planen. Wenn es ihnen Vorteile bringt, sind sie sogar freiwillig bereit zu warten. So wurden in einem Experiment drei- und vierjährige Kinder vor die Wahl gestellt, entweder einen Sticker sofort zu bekommen oder vier Sticker etwas später. Dreijährige wollten ihren Aufkleber sofort und gaben sich dafür mit nur einem zufrieden. Vierjährige warteten lieber, um dann mehrere Sticker zu bekommen. Ab etwa vier bis fünf Jahren haben Kinder zudem die Fähigkeit entwickelt, sich einer anderen

Sache zuzuwenden, ohne ihr ursprüngliches Bedürfnis aus den Augen zu verlieren. Sie sind dann in der Lage, etwas anderes zu machen, bis Mama, Papa oder die Erzieherin im Kindergarten Zeit für sie hat."[5] Bis die zeitlich-kontextuelle Wahrnehmung sich zu entwickeln beginnt, werden beispielsweise auch punktuelle Gefahren als absolute und andauernde Gefahren empfunden. *Emotionales Erleben wird stets als Gegenwart empfunden.* Deshalb werden genau in dieser Zeit unterbewusst Verhaltensmuster aufgrund von Erlebnissen und Erfahrungen gebildet, die ein Leben lang aufrechterhalten bleiben können. Dies bedeutet folglich: Macht ein Kind innerhalb genau dieser drei Jahre traumatische Erfahrungen – dazu gehören bereits Schwangerschafts- und Geburtskomplikationen genauso wie frühkindliche Krankenhausaufenthalte oder schmerzhafte Erlebnisse –, so bildet sich hierdurch beim Kind eine besonders hohe Sensibilität für potenzielle Gefahrensituationen aus. Gefahren haben deshalb generell in unserer Wahrnehmung einen höheren Stellenwert als gute Nachrichten, weil ein Mensch ohne besondere Positivmeldungen zumindest überleben kann – in Gefahr ist dies rasch fraglich.

Meiner Erfahrung nach liegt der Ursprung von Kontrollverlustangst immer in der Kindheit und kann sich völlig unterschiedlich in diversen Schweregraden ausprägen. Auch zieht dieses auf Angst basierende Verhaltensmuster nicht automatisch eine Gier nach Katastrophen nach sich – das Gegenteil kann ebenso eintreten: Der Mensch legt seine „Scheuklappen" an und hält sich fern von allem, was abenteuerlich, riskant und gefährlich sein kann – nachdem sein unterbewusstes „Radar" ihn davor gewarnt hat.

5 www.elternwissen.com/erziehung-entwicklung/erziehung-tipps/art/tipp/keine-geduld-so-lernt-ihr-kind-zu-warten.html

Die Erkenntnis, dass ein Kind in den ersten Jahren des Lebens sogar ganz besonders anfällig für Traumatisierungen ist, steht konträr zu der leider weit verbreiteten Ansicht des Schweizer Philosophen Johann Georg Sulzer (1720 – 1779), welcher im Jahre 1748 schrieb: „Diese ersten Jahre haben unter anderem auch den Vorteil, dass man da Gewalt und Zwang brauchen kann. Die Kinder vergessen mit den Jahren alles, was ihnen in der ersten Kindheit begegnet ist. Kann man da den Kindern den Willen nehmen, so erinnern sie sich hiernach niemals mehr, dass sie einen Willen gehabt haben."[6] Es steht zu befürchten, dass es aufgrund der „Systemträgheit" noch eine ganze Reihe von Jahren dauern wird, bis dieser verheerende Irrtum endgültig aus den Köpfen der Menschen getilgt ist. Bis dahin werden wohl noch Millionen von Kindern unwissentlich traumatisiert.

Ein Erlebnis, welches den gleichen Kriterien entspricht wie die allererste erlebte Erschütterung der Sicherheit, das Urtrauma, kann übrigens ein solches verschüttetes Trauma „antriggern", also wachrufen und damit das seit Jahren angelegte Angstmuster zur Ausprägung bringen. Daher fürchten sich Kinder oftmals in Situationen, in denen wir Erwachsene keinerlei Gefahrenanzeichen wahrnehmen können. Enge Fahrstühle erinnern an Geburtskomplikationen, Spritzennadeln rufen dieselben Gefühle wie bei der ersten Blutentnahme wenige Minuten nach Geburt wach; hohe Brücken und Schwimmbadsprungtürme triggern das Gefühl an, welches ein Baby hat, wenn es von einem fremden Menschen an den Füßen hochgehalten und ihm auf den Po geschlagen wird, nur damit es seinen ersten Atemzug macht. Man kann sich diesen Zusammenhang auch umgekehrt vorstellen: Jemand, der nicht weiß, was das

6 J. G. Sulzer: „Versuch von der Erziehung und Unterweisung der Kinder" (1748)

rote Licht einer Ampel bedeutet, wird sich wundern, dass alle anderen davor stehen bleiben.
Und damit sind wir im Bereich der Verknüpfungen oder auch Konditionierungen.

Was eine Konditionierung ist, schlagen wir im Internet nach. Da lesen wir beispielsweise etwas umständlich:
„Unter Konditionierung versteht man in der behavioristischen Lernpsychologie das Erlernen von Reiz-Reaktions-Mustern (Stimulus-Response). Grundlage dieser Lerntheorien ist die Annahme, innere Vorgänge wie Gefühle und Gedanken niemals wissenschaftlich untersuchen zu können, das so genannte Black-Box-Modell. Man unterscheidet zwei Grundtypen der Konditionierung: die *Klassische Konditionierung,* die *ausgelöstes* Verhalten betrifft (der lernende Organismus hat keine Kontrolle über den Reiz oder seine Reaktion), und die *Instrumentelle beziehungsweise Operante Konditionierung,* die ursprünglich spontanes Verhalten betrifft, das je nach wahrgenommener Konsequenz zielgerichtet wird.“[7]

Ich möchte Ihnen das Prinzip der Konditionierung mit meinen eigenen Worten etwas simpler beschreiben:
Sie nehmen etwas wahr, auf das Sie mit einem bestimmten Gefühl reagieren (etwa einen kleinen Stromschlag), und zeitgleich etwas Bestimmtes, das Ihnen bislang völlig gleichgültig war (vielleicht das Wort „Zick“). Je öfter das geschieht, desto eher glauben Sie, dass das bislang Gleichgültige Ihr Gefühl erzeugte: Das heißt, Sie zucken zusammen, wenn Sie nur das Wort „Zick“ hören. Durch

7 http://de.wikipedia.org/wiki/Konditionierung

das ständige Zusammentreffen beider Reize wird die emotionale Bedeutung des ersten einfach auf einen weiteren Reiz ausgeweitet. So kommt es dann, dass Menschen tatsächlich glauben, Zigarettenrauch würde das Ausschütten von Glückshormonen erzeugen, obwohl ihnen jeder Nichtraucher beim Einatmen von Qualm etwas husten würde und somit bestätigt, dass nicht der Qualm glücklich macht. Der Raucher ist darauf konditioniert, dass Rauchen offenbar nur Erwachsenen erlaubt ist und in kleinen Pausen stattfindet: Er fühlt sich, sobald er qualmt, frei von Erwartungsdruck.

Machen Sie die Augen auf: Unser Kopf ist voller Konditionierungen. Beispielsweise bekommen fast alle Menschen einen Adrenalinstoß, wenn man sie anschreit – dabei ist eine laute Stimme keinesfalls bedrohlich, wie jeder, der schon einmal einen Operntenor live singen gehört hat, bestätigen kann. Das eigentlich Bedrohliche an der lauten Stimme haben Menschen oftmals bereits im Mutterleib erfahren. Mütterliche Stresshormone werden zeitgleich mit „angeschrien werden“ ausgestoßen – und das auch nur, weil noch weiter früher bei der Kindeserziehung nicht nur geschrien, sondern auch geschlagen und verletzt wurde.
So differenziert und so nachhaltig können sich Konditionierungen auswirken.
Noch ein Beispiel für ein erlerntes Reiz-Reaktions-Paar?
Orale Stimulation und Mutterliebe werden so lange verknüpft, bis das Kind tatsächlich glaubt, ein Schnuller im Mund würde beruhigen, und womöglich bis zum Lebensende das Gefühl hat, bei Einsamkeit oder Hilflosigkeit etwas essen zu müssen – selbst wenn der Körper bereits ein Übergewicht mit sich herumträgt.
Nun wissen Sie, dass Sie im Umgang mit lernfähigen Kindern sehr behutsam sein müssen, da diese nach kurzer Zeit automatisch davon ausgehen, dass

A und B zusammengehören. Die Konditionierung ist leider ein unglaublich mächtiger Faktor beim Erlernen von Verhaltensweisen – sie begleiten einen Menschen oftmals bis zum Ende. Daraus resultierende Verhaltensmuster nehmen ihren Ursprung in der Kindheit und werden durch Wiederholung, Bestätigung und tiefe emotionale Eindrücke verstärkt und unterbewusst auf weitere Reize generalisiert. Solche unterbewussten Verknüpfungen lassen sich mittlerweile, dank moderner Coachingtechniken, jedoch gut und schnell wieder auflösen.

Das „Selbstwertcoaching" (CD 2) aus meinem Coachingprogramm „Power-Box: Entdecke dein Selbst!" leistet hier eine gute Hilfestellung, um den „obersten Richter im Kopf", nämlich das personalisierte schlechte Gewissen, zu entdecken und unschädlich zu machen. Außerdem finden sich auf der CD einige anschauliche Beispiele für „Reframing" – das Verändern von Gefühlen und dem daraus resultierenden Verhalten durch Einnehmen einer anderen Perspektive.

Suggestionen – Trojanische Pferde im Kopf

Leider gibt es noch einen weiteren ernsten Faktor, der Ihrem Kind das Leben schwermachen kann: die Suggestion. Was das ist? Wenn Sie schon einmal einen Bühnenhypnotiseur live erlebt oder im Fernsehen gesehen haben, kennen Sie das. Der Show-Hypnotiseur ist in der Lage, einem Menschen mit gezielten Suggestionen einzureden, er sei nun auf der Bühne ein gackerndes Huhn, das auf sein frisch gelegtes Ei aufpasse, oder ein halb verdurstender Wanderer in der Wüste, der unter der heißen Sonne schwitze. Auch die Suggestion, man könne bestimmte Worte, Zahlen oder seinen eigenen Namen nicht erinnern und zudem nicht von seinem Stuhl aufstehen, sind Klassiker der Unterhaltungshypnose – und sie funktionieren leider am besten bei sehr autoritär erzogenen Menschen, da diese gewohnt sind, ihre Verantwortung an jemand anderen abzugeben. Niemand würde Suggestionen ernsthaft als Bestandteil von Erziehung bezeichnen – und doch sind unsere Köpfe voll mit Suggestionen aus Kindheit und Jugend. Im falschen Moment geäußerte Sätze wie „Du wirst niemals gut in Mathe sein“ oder „Aus dir wird nie etwas, wenn du dich nicht anstrengst“ entpuppen sich leider nur zu oft als Suggestionen, die jahrelang unterbewusst realisiert werden. Jeder, dem das Kind Autorität oder besonderes Vertrauen zuspricht, befindet sich leider auch automatisch in der Gefahr, dem Kind versehentlich dauerhaft etwas einzureden. Vermeiden lassen sich Suggestionen wohl kaum, dennoch können Sie natürlich darauf achten, dass Sie Ihre Befürchtungen und Ermahnungen nicht versehentlich in Stein meißeln. Die Worte „wirst“, „musst“ und „sollst“ setzen den Menschen unter Entscheidungsdruck – er muss somit reagieren, entweder mit Zustimmung oder mit Gegenwehr. Formulierungen wie „könntest“, „wenn du möchtest“ oder „ich bitte dich“ funktionieren meist besser, um jemanden freiwillig zum Handeln zu motivieren. Natürlich ist es schwierig, immer jedes seiner Worte genau zu kontrollieren. Dies ist auch nicht notwendig. Wichtig ist, dass Ihre Aussagen nicht zu dogmatisch sind und Sie dem Kind dabei Wahlmöglichkeiten lassen. Suggestionen sind auf einen emotionalen Gemütszustand angewiesen. Je angespannter oder nervöser ein Mensch ist, desto leichter platziert sich ein solches „Computervirus" auf der geistigen Festplatte. Die Auswirkungen können bis hin zur völligen Realitätsverkennung reichen. Suggestionen (Einredungen und Befehle) lassen sich zwar ebenso wie Konditionierungen (unterbewusste Symbolverknüpfungen) wieder rückgängig machen, aber dies erfordert gezieltes fachmännisches Vorgehen. Hypnosetherapeuten arbeiten leider oft mit (gut gemeinten) direkten Suggestionen, um einen Menschen vom Rauchen oder von Süßigkeiten abzubringen. Auch hier muss ein Verantwortungsgefälle vorliegen, damit die Suggestionen greifen können – der Patient muss dem Hypnotiseur emotionale Macht über sich einräumen.

Immer wieder gibt es Klienten, die mich darum bitten, ihnen per Suggestion das Rauchen zu verleiden. Einer von ihnen war ein älterer Herr, der allen Ernstes wollte, dass ich ihm per „hypnotischem Befehl" die Erinnerung daran lösche, dass er je geraucht hatte – sein Verantwortungsgefühl tendierte gegen Null. Es stellte sich heraus, dass er in der Kindheit einen extrem despotischen und rechtskonservativen Vater erlitten und sich diesem leider angepasst hatte. Nun hoffte er, für seinen gesundheitlichen Raubbau durch Kettenrauchen keinerlei Konsequenzen tragen zu müssen. Da ich mir vorbehalte, mit wem ich arbeite und wem ich mit meinem Coaching weiterhelfe, stellte ich meinen Kunden vor die Wahl: Entweder werde er rauchfrei nach meinem Ansatz oder müsse sich einen anderen Coach suchen. Er entschied sich für Letzteres und raucht, soweit ich weiß, heute noch, obwohl er allein durch mein

Einführungsgespräch einige Tage lang nur noch zehn – statt vorher dreißig – Zigaretten täglich rauchte.

Ein anderes Beispiel für eine nachhaltig wirksame und leichtfertig ausgesprochene Suggestion erlebte meine Kundin Sibylle. Sie hatte in der Jugend von ihrer Mutter immer zu hören bekommen: „Kind, zieh dir keinen Minirock an, du holst dir sonst eine Blasenerkältung." Ob der Hintergrund dieser Warnung echte Gesundheitsbedenken oder eher nur Prüderie waren, sei dahingestellt. Jedenfalls wurde diese absolut unsinnige Aussage zu einer handfesten Suggestion, die ihre Wirkung nie verfehlte: Wann immer Sibylle sich einen Minirock anzog, etwa zum Tanzen in der Disco oder auf Partys, beklagte sie meist schon am Tag darauf einen schmerzhaften Harnwegsinfekt. Medizinisch gesehen entsteht ein solcher Infekt aber nicht durch kurze Röcke, sondern durch Bakterien, die in die Harnwege gelangen und gegen die der Körper keine eigene Abwehr hat. Hat Mutters Ermahnung die körpereigene Abwehr geschwächt? Möglich. Vielleicht hat sich Sibylle aber einfach nur an das gehalten, was Mutter sagte, und Symptome aufgrund einer nicht vorhandenen, aber befürchteten Krankheit entwickelt.

III. Erziehung

Die Jugend von heute

Hand aufs Herz: Wie wirken Jugendliche auf Sie, wenn diese gepierct, mit gegelten Haaren äußern: „Ich habe keine Lust, so früh am Morgen zur Arbeit zu gehen." Denen müsste man doch mal richtig die Leviten lesen, oder? Wissen die eigentlich, wie gut es ihnen geht? Früher hätten wir uns doch geschämt, wenn wir gewagt hätten, uns zu beklagen! Oder? – Sie können sich ausdenken, was jetzt kommt: Irrtum! Sie selbst waren die Jugend, denen man mal die verwöhnten Ohren langziehen wollte – und Ihre Eltern und Großeltern ebenfalls!
Das Phänomen des fehlenden Verständnisses für Folgegenerationen ist uralt:

„Die Jugend von heute liebt den Luxus, hat schlechte Manieren und verachtet die Autorität. Sie widersprechen ihren Eltern, legen die Beine übereinander und tyrannisieren ihre Lehrer." Diese Aussage stammt von dem antiken griechischen Philosophen Sokrates. Er lebte von 470 bis 399 vor Christus.
Rund 100 Jahre später tönte sein Landsmann Aristoteles (384 – 322 v. Chr.) in das gleiche Horn: „Ich habe überhaupt keine Hoffnung mehr in die Zukunft unseres Landes, wenn einmal unsere Jugend die Männer von morgen stellt. Unsere Jugend ist unerträglich, unverantwortlich und entsetzlich anzusehen."
Und ein Keilschrifttext aus Ur um 2000 vor Christus prophezeit uns: „Unsere Jugend ist heruntergekommen und zuchtlos. Die jungen Leute hören nicht mehr auf ihre Eltern. Das Ende der Welt ist nahe."

Es wird also wirklich allerhöchste Zeit: Wir sollten aufhören, mit dem erhobenen Zeigefinger zu behaupten, die Jugend sei unser Untergang. Ich denke: *Trotz* Erziehung haben wir es immer wieder geschafft, eine einigermaßen anständige und lebenswerte Welt hinzubekommen.

Was ist Erziehung?

Der Begriff „Erziehung" ist alt. Er hat tatsächlich mit *ziehen* zu tun. Er leitet sich ab von *irziohan* (althochdeutsch für *herausziehen*) und bedeutet, jemandes Geist und Charakter zu bilden und seine Entwicklung zu fördern. Im Allgemeinen versteht man unter Erziehung soziales Handeln, welches bestimmte Lernprozesse bewusst und absichtlich herbeiführen und unterstützen will. Sie soll relativ dauerhafte Veränderungen des Verhaltens erreichen, die bestimmten, vorher festgelegten Erziehungszielen entsprechen. Was Erziehung leistet, lässt sich gut mit „seine eigene Überzeugung von Zusammenleben weitergeben" beschreiben.

Es gibt keine allgemeingültige Definition von Erziehung. Jedoch lassen sich einige Eigenschaften isolieren, die als Grundvoraussetzungen für erzieherisches Handeln betrachtet werden können. Erziehung, so wie ich sie fasse, ist ...

- *kommunikativ*: Erziehung transportiert Informationsinhalte.
- *interpersonal*: Erziehung ist ein Geschehen zwischen Personen (im Gegensatz zur Bildung, bei welcher Medien, wie etwa Schulbücher, die Informationsquelle bilden).
- *hierarchisch*: Erziehung wirkt unidirektional vom Erzieher zum Erziehenden (oder auch Zögling), nicht umgekehrt.
- *teleologisch*: Erziehung ist immer an bestimmten Erziehungszielen ausgerichtet. Diese Ziele sind gesellschaftlich und kulturell völlig variabel.
- *interaktiv*: Der Erzieher muss für den Zögling intellektuell oder emotional wahrnehmbar und verständlich sein.

- *protektiv, konstruktiv, modifikativ*: Der Zögling soll durch Erziehung geschützt, entwickelt und aus seinem bisherigen Status quo herausgeführt werden.
- *intentional*: Erziehung wird im allgemeinen Sinne als absichtsvoll verstanden. Doch der quantitativ weitaus größere Umfang der Erziehung ist die eher beiläufige und unbeabsichtigte funktionale Erziehung.
- *kongruent*: Der Zögling muss der Erziehungsabsicht, damit sie erfolgreich ist, im Grunde zustimmen, da sie sonst Widerstand erzeugt.

Und genau der letzte Satz dieses Fachchinesischs ist meiner Ansicht nach der Bedeutendste. Hat ein Kind nämlich das Gefühl, dass Erziehung zu stark mit seinen eigenen Absichten kollidiert, so entwickelt es einen Widerstandsgeist. Dieser steigt mit dem Grad der empfundenen Einschränkung. Sie wissen: Die eigene Absicht möglichst widerstandsfrei zu verwirklichen, das ist die Grundformel menschlichen Verhaltens. Wenn Erziehung aber doch dafür sorgen soll, dass unsere Kinder sich zu integren Mitgliedern unserer Gesellschaft entwickeln, wäre es fatal, wenn genau dieses Ziel zum sprichwörtlichen roten Tuch für Heranwachsende würde – und doch geschieht es so leider seit Hunderten von Jahren. Der Diplom-Pädagoge und Leiter des Deutschen Coué Instituts für Problemlösungen, Franz-Josef Neffe, skizziert die Problematik in seinen Vorträgen und Seminaren wie folgt: „Was machen Eltern, wenn deren Erziehung nicht funktioniert? Sie fangen an, Druck aufzubauen. So wird aus Er*ziehung* Er*drückung*!"
Und Druck erzeugt immer Gegendruck.
Erschwerend kommt hinzu, dass dieser Widerstandsgeist, wenn er zu früh geweckt wird, als Verhaltensmuster angelegt wird und ein Leben lang erhalten bleiben kann. Da aber kaum ein Mensch sich dieses Umstandes bewusst ist,

geben wir fast alle seit ewigen Zeiten etwas an unsere Kinder weiter, das wahrscheinlich noch nie zum Wohle des Kindes gereicht hat. Somit haben wir dann genau das Gegenteil von dem bewirkt, was Erziehung eigentlich leisten sollte: Trotz, Angst, Auflehnung und Einschüchterung. Erziehung ist nicht wie eine Input-Output-Maschine – was man hineingibt, bekommt man heraus –, sondern der Erziehungserfolg ist davon abhängig, wie der „Input“ verarbeitet wird.

Im Prinzip entscheidet ein Kind, wie es sich von Ihnen erziehen lässt. Es orientiert sich dabei an Ihrer Handlungsfähigkeit, also nur daran, ob Ihr Verhalten zum Durchsetzen Ihrer Absicht taugt oder nicht. Beispielsweise kann depressives Verhalten eines Elternteils durchaus ein Kind zum Nachahmen einladen, wenn die Depression eingesetzt wird, um Rücksichtnahme und Entgegenkommen zu erpressen.

Ein Kind nimmt erzieherische Absicht nur an, wenn diese zur Verwirklichung förderlich empfunden wird. Erziehung durch Einsicht nennen das die Pädagogen. Das heißt, all das, womit ein Kind glaubt, im Leben durchsetzungsfähig zu sein, wird ebenso angenommen. Das kann, wie gesagt, sowohl emotionale Erpressung durch depressives Verhalten sein als auch cholerische Ausbrüche, Liebesentzug, Ignoranz, Hypochondrie und vieles mehr. Hauptsache ist, ein Kind stellt fest, dass dieses Verhalten von Durchsetzungserfolg gekrönt ist und nicht mit eigenen Erfolgskonzepten kollidiert. Die Nachhaltigkeit des Erfolges spielt im frühen Kindesalter keine Rolle, da dem Kind ohnehin der zeitliche Horizont fehlt. Da Kinder glauben, das elterliche Verhalten sei stets gerechtfertigt, können sie ohne moralische Schwierigkeiten auch unmoralisches Verhalten adaptieren – Eltern zeigen ihnen ja, dass es offenbar gestattet ist.

Modell-Lernen nennen die Pädagogen diese Art der Selbsterziehung. Kinder benutzen Eltern teilweise als „Kopiervorlage“ für Verhalten, selbst wenn dieses gar nicht in der Absicht der Eltern lag.
Kinder erziehen sich selbst – mittels ihrer Eltern.

Drei Faktoren verstärken Relevanz und entscheiden damit über die Nachhaltigkeit des Lerneffekts:

- **Wiederholung:** Je öfter etwas wiederholt wird, desto mehr rückt es in den Fokus des Bewusstseins. Zudem tritt ein Gewöhnungsprozess ein, welcher das Erlebte vertrauter werden lässt. Der Adaptationsprozess wird durch Wiederholungen erleichtert.
  Beispiel: Der Satz „Du kannst Schwimmen!“ kann – wenn er immer wieder gehört wird – den Glauben und die Überzeugung bezogen auf die eigenen Möglichkeiten festigen.

- **emotionale Eindruckstiefe:** Je spürbarer etwas erlebt wird, desto reichhaltiger wird es neuronal verschaltet und zudem in denjenigen Regionen des Gehirns verfügbar gemacht, die eine höhere Steuerungsmacht über den Körper haben.
  Beispiel: Die Erfahrung, geschwommen zu sein, lässt sich nicht mehr rückgängig machen.

- **Plausibilität:** Wenn ein Lernprozess eine hohe Erfolgswahrscheinlichkeit hat, wird die Aufmerksamkeit des Lernenden von den Risiken abgelenkt und auf die Chancen fokussiert. Die Erkenntnis, dass der Lernerfolg zum Greifen nahe ist, erhöht die Motivation.

Beispiel: Wenn ein paar Schwimmzüge bereits ohne Wasserschlucken und Atemnot absolviert wurden, so wird der letzte Schritt zum freien Schwimmen nur noch zur Trainingssache.

Als Vermittler sind Glaubwürdigkeit und Kompetenz notwendig: Das, was vermittelt werden soll, darf keinen Platz für Bedenken oder Zweifel lassen.
Wenn Sie also wollen, dass ein Kind wirklich zufrieden, beliebt, erfolgreich und glücklich ist, leben Sie ihm in nachahmenswerter Weise vor, wie Sie selbst diese Eigenschaften ausleben – ansonsten wird es für Sie wirklich schwierig!

Die „Eimerkette“ der kulturellen Altlasten

Da Erziehung immer teleologisch ist, also immer Erziehungsziele die Erziehungsinhalte bestimmen, wird einleuchten, dass Eltern kaum anders können, als ihre Normen und Werte an den Nachwuchs weiterzugeben. Hieraus ergibt sich ein gehöriges Konfliktpotenzial, das ich in der Einleitung schon angesprochen hatte: Was für unsere Generation als gut und richtig galt, das, womit wir in unserer Gesellschaft erfolgreich und zufrieden leben konnten, das gilt womöglich für unsere Kinder nicht mehr oder verkehrt sich sogar ins Gegenteil. Betrachten wir das in vielen Gesellschaften verbreitete Erziehungsziel „angepasst sein“, so ergibt sich für die Menschen die Maxime „bloß nicht auffallen“. Für eine Stabilisierungsgesellschaft, wie etwa die in Afghanistan, ist diese Tugend von äußerster Wichtigkeit. Mitglieder, die „aus der Reihe tanzen“, kann eine Gesellschaft, die sich gerade erst neu sortiert, abgrenzt und auf Zusammenhalt angewiesen ist, kaum verkraften. Für eine Gemeinschaft, die sich mitten im Prozess der Identitätsfindung und Normdefinition befindet, ist ein Tabubrecher das Letzte, was hier gebraucht wird. Anders in einer Entwicklungsgesellschaft wie etwa der unseren: Ein Mindestmaß an Stabilität ist längst erreicht. Wir benötigen weder die Todesstrafe noch Bestechungsgelder für Polizisten, Politiker und Richter, noch Schusswaffen unter dem Kopfkissen, um in Frieden leben zu können. Wir können bereits ein paar Schritte weitergehen und mit den Möglichkeiten des gesicherten sozialen Zusammenlebens umgehen. Wir können ausprobieren, ob man nicht mehrere Berufe gleichzeitig/ hintereinander ausüben, Sex vor der Ehe oder mit dem gleichen Geschlecht haben, seinen eigenen Glauben finden oder alternative Formen des Zusammenlebens entdecken kann – und das alles, ohne dass wir damit unsere Gesellschaft oder uns selbst in Gefahr bringen. Es ist sogar möglich, dass jemand zur eigenen Gesellschaft eine völlig konträre und kritische Meinung entwickelt und publiziert, ohne dass er damit automatisch als bösartig, feindlich oder gefährlich empfunden wird. Versuchen Sie *das* einmal in China! Allein dieser letzte Satz würde dort wahrscheinlich als suspekt eingestuft. Die Kultur erzieht also immer unterschwellig, aber massiv mit. So wird seit Hunderten von Jahren noch immer an Kinder weitergegeben, was schon längst nicht mehr erstrebenswert, geschweige denn erfolgversprechend ist. Dennoch hören Kinder auch heutzutage noch den altbekannten Satz: „Das macht man nicht!" – ohne jegliche reflektierte Begründung! „Bloß nicht auffallen" ist noch immer in den Köpfen von Eltern verankert und landet auf den Schultern ihrer Kinder. Doch diese fallen dann eben nicht auf und werden in der Gesellschaft konsequenterweise übergangen, wenn es um Karriere, Partnerschaften oder gesellschaftliche Anerkennung geht. Wer nicht auffällt, der bewegt eben auch nichts.

In meinen Vorträgen bringe ich diesbezüglich ein überliefertes Beispiel von einem Experiment mit Affen. Diese fanden in ihrem Gehege ein Kletterseil an der Decke vor. Doch immer, wenn ein Tier das Seil berührte, wurde durch einen Mechanismus ein Strahl kaltes Wasser darauf gerichtet. Die erschreckten, nass gewordenen Tiere begannen damit, die unerfahrenen Tiere, insbesondere den eigenen Nachwuchs, mit Vehemenz daran zu hindern, das Seil zu berühren. Nach einiger Zeit vermieden sämtliche Affen den Kontakt mit dem Seil. Der Wasser-Mechanismus wurde abgeschaltet, doch das Seil blieb unberührt. Nach und nach wurden alle Tiere aus dem Gehege gegen Unerfahrene ausgetauscht. Nicht eines der dort lebenden Tiere hatte jemals das Seil berührt, geschweige denn kaltes Wasser abbekommen, doch noch immer hinderten die älteren Tiere die jüngeren mit Schreien und Beißen daran, das

Seil zu berühren – ohne zu wissen, warum! Das ist Erziehung! In diesem Fall also das völlig unreflektierte Weitergeben einer Verhaltenslöschung zu dem Zweck, den Nachwuchs vor Schaden zu bewahren. Hierdurch wird zum einen das Vertrauensverhältnis zwischen Eltern und Kind gestört, denn die Eltern sind für die Kinder die einzige wahrnehmbare Gefahrenquelle. Zum anderen wird die Entwicklung einer Gesellschaft blockiert. Ein neugieriger Affe hätte ohne Verhaltenslöschung herausfinden können, dass die Mechanik längst abgeschaltet war. Allein durch die Angst der Eltern vor Gefahren werden Kindern diese Ängste mit übertragen – selbst dann, wenn diese weder hilfreich noch begründet sind.

Der französische Filmregisseur Thomas Balmès zeigt in seiner sehr sehenswerten Sozialdokumentation „Babys“, dass es gerade die Ängste und die übertriebene Vorsicht der Eltern sind, die das kindliche Selbstvertrauen stören können. Der Filmemacher begleitete mit der Kamera vier verschiedene Babys aus vier völlig unterschiedlichen Kulturen, der Mongolei, Namibia, San Francisco und Tokio, jeweils von der Geburt bis zu den ersten eigenen Schritten. Sowohl im Film als auch in seinen diesbezüglichen Interviews plädiert Balmès für mehr Gelassenheit, Vertrauen und weniger Erwartungsdruck und Überforderung der Eltern im Umgang mit ihren Kindern.

Sie programmieren Seelen!

Spätestens jetzt bekommen Sie allmählich ein Verständnis dafür, welchen ungeheuren Einfluss Eltern und Ahnen auf ihre Kinder haben, ob sie wollen oder nicht und ob sie sich dessen bewusst sind oder nicht. *Eltern programmieren Seelen,* so möchte ich es ausdrücken, denn mit ihrer Denkweise, ihrem Verhalten und ihrem Auftreten formen Eltern menschliches Verhalten, welches sich ein Leben lang erhalten kann. Ich möchte hier nichts Geringeres sagen, als dass Eltern verantwortlich sind für Kriege, Terrorismus und Kriminalität, denn die Täter haben aufgrund erzieherischer Einflüsse solche Charaktere entwickelt – meist von den Eltern unbeabsichtigt, versteht sich. Deshalb ist es müßig, nach einem Schuldigen zu suchen, denn Eltern waren ebenfalls einmal Kinder und deren Eltern ebenso. Daher bemühe ich niemals das Wort „Schuld", sondern rede bewusst von Verantwortung – und die haben Erzieher nun einmal. Allerdings besteht genau darin die große Hoffnung: dass die Menschen eines Tages – was sicherlich nicht innerhalb weniger Jahrzehnte zu erwarten ist – aufhören, aus Menschen *unmündige Kinder* zu machen, und aufhören, sich wie autoritäre Vorgesetzte zu benehmen, sondern ihren Nachwuchs auf gleicher Augenhöhe ansehen.

Zu uns ins Institut kommen Menschen, die seit Jahrzehnten bereits emotionale Störungen, wie Selbstzweifel, Versagensängste, Schuldgefühle, psychosomatische Störungen und chronische Krankheiten hervorbringen. Da gab es den hochintelligenten Berufsversager, der bereits mit dreißig Jahren keine Erwartungen mehr an das Leben stellte, und sich, um einen Berg Schulden abzuarbeiten, in einem niveaulosen und schlechtbezahlten Job halbtot arbeitete, wenn er nicht ohnehin gerade krankgeschrieben war; sein Talent als begnadeter Künstler entdeckte er erst, als seine zu Tode gelangweilte Frau ihn endlich verlassen hatte. Oder aber die brave Hausfrau, die zwar mühelos Kreuzworträtsel in sechs Sprachen lösen kann, sich aber mit Rückenschmerzen vom Berg der Bügelwäsche zum Geschirrspülen schleppt; bis zum Termin in meiner Praxis (es ging ums Abnehmen) war sie noch niemals auf die Idee gekommen, sich selbst als „intelligent“ zu bezeichnen. Früher hat sie einmal Klavier gespielt, heute verraten nur die wachen Augen, dass es in ihrem Kopf noch eine Welt jenseits der stupiden Hausarbeit geben muss, die sie seit fünf Jahrzehnten für einen undankbaren und missgünstigen Ehemann macht. Ich erlebe Menschen, deren Leben so visionslos, so wenig ambitioniert, so leidenschaftslos verläuft, dass sich hier ganz offen die Sinnfrage aufdrängt. Allesamt waren sie einmal aufgeweckte Kinder voller Elan, Neugier, Wissendurst, Risikobereitschaft und Freude – im Alter keine Spur mehr davon! Bis auf wenige Ausnahmen liegt die Ursache darin, dass Eltern die Kinder missverstanden, verkannt, bevormundet, falsch behandelt und unter zu hohen Erwartungsdruck gesetzt haben. Ich kenne keinen einzigen Fall, wo ein Mensch aus einem friedlichen, harmonischen, reflektierten und liebevollen Elternhaus derartige Störungen entwickelt hat. Ganz davon abgesehen, kenne ich ohnehin nur sehr wenige Menschen, die tatsächlich ein solches Elternhaus genossen haben. Aber wenn wir uns doch ohnehin alles Gute für unsere Kinder wünschen, dann sollten wir uns auch dessen bewusst sein, wie man dieses „Gute“ erlangt.

Der größte Feind Ihrer Kinder sind Sie selbst!

Ich weiß, dass Sie Ihre Kinder lieben – und lieben wollen, doch Kinder wissen nicht, dass sie geliebt werden. Aufgrund des Urvertrauens – also des bedingungslosen Vertrauens den eigenen Eltern gegenüber – gehen Kinder selbstverständlich davon aus, dass Eltern ohne mit der Wimper zu zucken tatsächlich bereit sind, die Fürsorgebeziehung zu kündigen. Kinder vertrauen Ihnen und glauben es einfach, wenn sie hören „... dann hat Mami dich nicht mehr lieb!" – oder: „Wenn du weiter so frech bist, nehmen wir dich nicht mit nach Hause." Kinder fühlen sich von Eltern vollständig abhängig und gehen davon aus, dass man diese ernst nehmen kann. Ich habe einmal erlebt, wie eine Mutter in einem Drogeriemarkt ihrer etwa vierjährigen Tochter in der Warteschlange der Kasse sagte: „Bleib hier stehen." Dann ging die Mutter zu einem Regal mit Schminkartikeln außer Sichtweite. Das kleine Mädchen sah sich um, verließ die Warteschlange und suchte seine Mutter. Diese fing sofort an, mit der Tochter zu schimpfen (vermutlich, weil sie um den Platz in der Warteschlange fürchtete). Beim Kassiervorgang beschäftigte sich das Mädchen dann gedankenversunken mit einigen bunten Plastiktüten an der Kasse, derweil die Mutter heimlich und leise durch den Ausgang verschwand. Als das Mädchen aufblickte, war die Mutter verschwunden. Man hörte zuerst ein leises „Mama?", dann ein verunsichertes lauteres „Mama!?" und dann ein herzzerreißendes Weinen: „Maamaa!!" Die Mutter eilte herbei und versuchte ihrem Kind zu erklären, dass es sich das selbst zuzuschreiben hätte, weil es nicht auf sie gehört habe. Was war der Zweck dieser Übung? Die Mutter hatte erreichen wollen, dass das Kind folgsamer würde und sie sich somit besser auf die Kleine verlassen könne. Ich bin sicher, dass die Mutter ihren Erziehungsversuch gut gemeint hatte, aber da die Kleine noch immer untröstlich

weinte, liegt es fast nahe, dass die Tochter hier keine Erziehung, sondern eine Re-Traumatisierung erlebt hat. Ich kann natürlich nur mutmaßen, aber ich glaube nicht, dass sich die Tochter eines Tages für dieses Erlebnis bei ihrer Mutter bedanken wird. Als vertrauensbildend und selbstwertstärkend wird sie diese Lektion wahrscheinlich nicht verbuchen können, obwohl es von der Mutter vielleicht so gedacht war.
Kinder wissen nicht, dass sie geliebt werden, schon gar nicht, wenn sie eine Behandlung erfahren, deren Sinn sich ihnen nicht erschließt.

Zählen Sie einmal zusammen, wie viele lobende und fördernde Bemerkungen Sie Ihren Kindern gegenüber in den letzten Tagen gemacht haben – im Vergleich zur Kritik. Sie werden überrascht sein: Das, was Kinder an Kritik hören, entspricht vielleicht nur einem geringen Bruchteil dessen, was Sie als stolzer Elternteil über Ihr Kind *denken*, macht aber womöglich den *Hauptteil* dessen aus, was Sie zu dem Kind sagen. Dessen Eindruck ist dann fast zwangsläufig, dass es stets kritisiert wird und bereits seine Existenz Grund zur Beschwerde ist. Kinder glauben etwa bis zum achten Lebensjahr, Eltern seien der Maßstab aller Dinge. Aus ihrer Sicht haben Eltern immer genügend Geld, um sich damit alles kaufen zu können; sie dürfen abends so lange aufbleiben, wie sie wollen, und zudem dabei alles tun und lassen, was ihnen beliebt. Die logische Schlussfolgerung ist: Wer solch eine Macht und Freiheit hat, der hat keine Probleme. So zumindest denken viele Kinder. Das Schlimme ist, dass Eltern ihre Probleme zudem noch vor den Kindern zu verbergen versuchen („Psst, Schatz! Das können wir doch vor den Kindern nicht besprechen!"), sodass Kinder rasch zu dem Schluss kommen können, Eltern seien vollkommen, perfekt, schlichtweg Halbgötter. Mit diesem Mythos wachsen Kinder heran und suchen die Ursache für Konflikte zunächst bei sich, obwohl sie eigentlich ahnen, dass sie weder dumm noch böse sind, sondern einfach nur unreif.

Die Gefahr, die sich darin verbirgt, ist, dass Kinder, die ja nun einmal Orientierung und damit Vorbilder brauchen, in weiten Teilen das Verhalten der Eltern kopieren und adaptieren. Das geschieht zudem so unbewusst, dass die jungen Erwachsenen es kaum für möglich halten, eine eigene elterliche Handschrift zu zeigen. Dabei tragen sie ihre eigenen Konflikte ähnlich aus wie einst ihre Eltern, denen man womöglich niemals gleichen wollte. Sie kennen bestimmt den Satz: „Ich wollte niemals so sein wie meine Eltern – und jetzt stelle ich fest, dass ich genauso bin!“ Wir hören ihn in der Beratungspraxis ständig.

Auch „liebe" Eltern können schaden

„Wir haben es doch nur gut gemeint", „Du hast doch alles, was ein Kind braucht" und: „Wir haben doch immer alles für dich getan!" Kennen Sie solche Sprüche? Das sind Sätze, die auch verurteilte Straftäter, Obdachlose, Prostituierte, Drogensüchtige und Söldner von ihren Eltern gehört haben. Wenn die lieben, guten Eltern tatsächlich wissen, wie man alles gut und richtig macht, warum sind dann deren Kinder keine Erfolgsikonen? Die Antwort: Weil es der elterliche Erwartungsdruck ist, gegen den Kinder sich auflehnen. Sie erinnern sich: „Die *eigene* Absicht widerstandsfrei zu verwirklichen" ist das Bestreben des Menschen. Sobald Ihre Erwartung mit der Absicht Ihres Kindes kollidiert, schaffen Sie damit eine Grenze. Auf diese Grenze reagiert das Kind – entweder mit einer Offensiv- oder einer Defensivstrategie. Je mehr Eltern ihr Kind beispielsweise vor Gefahren schützen wollen, desto weniger kann das Kind die Erfahrung machen, Gefahren selbst meistern zu können. Gefühle der Unmündigkeit und Unterlegenheit sind aber keine, welche der eigenen Expansions- und Reifungsabsicht entsprechen.

Ich mache dies mal etwas deutlicher. Wenn Sie einem Kind zu oft sagen: „Renne nicht einfach immer los, pass auf, dass du nicht hinfällst, sei vorsichtig, wenn du da und dorthin gehst", und dies mit erdrückender Liebe so lange wiederholen, bis das Kind Ihrem Rat folgt, dann wird Ihr Nachwuchs unter Umständen, um Ihrer Ablehnung zu entgehen, immer zögerlicher, risikoscheuer und infolgedessen womöglich im Alter die Parkinson'sche Krankheit bekommen, jene Schüttellähmung, die einen Menschen zittrig werden und unsicher Halt suchen lässt. Ich kenne Menschen, die in einer Hypnosesitzung genau diese in der Kindheit erlebten elterlichen Vollbremsungen als eine der Ursachen für ihre Erkrankung ausmachen konnten.

Wenn ein Kind zudem auch noch vom Charakter her dazu neigt, Ratschläge und Anweisungen nicht als Hilfestellung, sondern als Bevormundung einzustufen (wehenauslösende Mittel zur Geburtseinleitung oder Ähnliches können hierbei prägend wirken), dann erzeugen Sie bei Ihrem Kind mit all Ihrer „Liebe" glattweg eine Trotzreaktion.
Problematisch ist zudem, dass es Kindern wesentlich schwerer fällt, sich gegen den Erwartungsdruck „lieber Eltern" zu wehren als gegen den von ohnehin lieblosen Eltern.

Angst und Erwartungsdruck der Eltern können massiv als Entwicklungsbremsen für die Selbstbestimmtheit, die Mündigkeit und das Verantwortungsbewusstsein des Kindes angesehen werden, denn: Wer trotzt, ist nicht frei.
Ich habe in einigen meiner Bücher bereits über Trotz geschrieben, weil meiner Ansicht nach der „verlorene Kampf um Freiheit", wie ich Trotz nenne, eine ebenso große Einschränkung der Lebensqualität einbringt wie Angst.

Trotz ist eine ernste Sache: Überhöhte Geschwindigkeit beim Autofahren, notorisches Verspäten, Rauchen, Alkoholmissbrauch, Ratschläge missachten – Trotzreaktionen können sogar zu Gesetzesbruch (Delinquenz) führen. Dabei beziehen sich die Reaktionen immer auf subjektiv empfundenen Erwartungsdruck. Es gibt nicht nur Menschen, die nach einer Herzoperation oder nach einer Organtransplantation wieder rauchen, obwohl sie spüren, wie schädlich der Qualm ist, nicht nur übergewichtige Menschen, die nach einer Ernährungsberatung erst recht Dinge essen, die sie für falsch halten, sondern auch Schüler, die weiterhin die Schule schwänzen, obwohl sie bereits versetzungsgefährdet sind. Selbst ich erlebe in meiner Praxis, dass es Menschen gibt, die trotz eines mehrstündigen Termins zur Analyse und Änderung des Ver-

haltens aus dem Gebäude gehen und nichts von alledem umsetzen, obwohl sie wissen, dass sie sich damit schaden.
Dahinter steckt eine Angst, die bislang noch keine psychiatrische Klassifizierung erfahren hat: Diese Angst heißt „Trotz“.

Ich definiere „Trotz“ als eine *erhöhte unreflektierte Widerstandsbereitschaft in psychischer Dauerreaktion auf permanente Bevormundung im Kindesalter.*

Und da wir fast alle in unserer Kindheit mehr oder weniger bevormundet wurden, ist Trotz eine Volkskrankheit – ohne je als Krankheit eingestuft worden zu sein. Ich fasse Trotz als den verzweifelten Versuch eines Menschen auf, die eigene Entscheidungsfreiheit zu bewahren, nachdem sie ihm jahrelang beschnitten wurde. Erinnern wir uns: Das Bestreben der Psyche ist letztlich Machterlangung. Doch mächtig fühlt sich nur, wer nicht einen vorgezeichneten Weg geht, sondern durch Entwicklung selbst sein Verhalten generiert. Der Satz „Jetzt hör doch mal endlich auf meinen Rat!“ ist damit psychologisch gesehen kontraevolutionär und zudem pädagogisch betrachtet unsinnig, weil Gift für die Entscheidungsfreiheit des Menschen. Eine chronische Trotzreaktion wird damit quasi heraufbeschworen.

Mit dieser erhöhten Widerstandsbereitschaft wehrt sich ein trotziger Mensch künftig gegen alles, was als Bevormundung empfunden wird. Therapievorschläge gehören ebenso dazu wie Bitten, Appelle und unausgesprochene Erwartungen – selbst wenn die Ratgeberquelle ein Arzt, ein Rechtsanwalt oder gar der beste Freund ist. Falls er doch einen Rat annimmt, so wird der Trotzkopf sich mit Händen und Füßen dagegen wehren, zuzugestehen, dass er tatsächlich „seine Freiheit verkauft“ hat. Der verstorbene britische Wirtschaftsprüfer Allen Carr, Autor des Bestseller-Ratgebers „Endlich Nichtraucher", ist ein solcher Fall. Allen Carr rauchte zeitweilig die Menge von 100 Zigaretten täglich und „übertraf" damit seinen strengen Vater, der „nur" 80 Zigaretten „schaffte". Als Carr eines Tages auf Drängen seiner Frau zu einem Hypnotiseur ging, um das Rauchen per Suggestion loszuwerden, brachte der notorische Trotzkopf es nicht fertig, sich selbst einzugestehen, dass er im Anschluss an den Termin aufgrund der Hypnose kein Verlangen nach Zigaretten mehr hatte. Seinen etwas hilflosen Versuch, sich selbst zu erklären, warum er nicht mehr rauchte, schrieb er dann als Buch nieder. Tragisch und bedenklich zugleich ist, dass Allen Carr 2006 an Lungenkrebs starb, 23 Jahre, nachdem er in die Welt posaunte, er sei Nichtraucher. Die meisten Raucher, die zu mir in die Praxis kommen, „therapiere" ich zunächst auf „Trotz", bevor ich das Thema Rauchen angehe.

Ein trotziger Mensch will nur *scheinbar* nicht sein Ziel erreichen, sondern einfach nur das Gegenteil dessen, was von ihm erwartet wird, um seine Entscheidungsfreiheit zu verteidigen. Und wenn diese Fremderwartung, die noch nicht einmal der objektiven Realität entsprechen muss (der Glaube an die Erwartung reicht!), zudem auch noch der ursprünglichen eigenen Zielsetzung gleichkommt, wie etwa „Räum doch mal dein Zimmer auf" oder „Iss doch mal was Vernünftiges", dann wehrt sich der Trotzkopf sogar gegen seine eigenen Ziele – Hauptsache, er verteidigt seine Entscheidungsfreiheit und fühlt sich nicht bevormundet.
Damit wird auch klar, dass die bekannte „Pubertätsrevolte", die Trotzphase der 12- bis 16- Jährigen, *kein Naturphänomen* ist, sondern ein *Sozialphänomen*, also eine leicht zu vermeidende Reaktion auf das Empfinden permanenter elterlicher Bevormundung. Trotz geht immer einher mit *fehlendem Verant-*

wortungsbewusstsein. Der Trotzkopf denkt nicht strategisch, welche Konsequenzen sein Verhalten haben könnte, sondern er denkt taktisch, wie er jetzt und hier seine Freiheit verteidigen und Erwartungsdruck loswerden kann.

Das Tückische ist natürlich, dass gerade ein trotziger Mensch zum Spielball der Erwartungen geworden ist: Man braucht nur einfach das Gegenteil der eigenen Absicht als Erwartung an ihn zu stellen. Wenn der Trotzkopf diese Erwartung für authentisch erachtet, wehrt er sich dagegen und tut das Konträre. So erklärt sich beispielsweise, warum viele Kinder erst recht nicht für den Unterricht üben, wenn man es ihnen bei Strafe verordnet, obwohl sie bereits versetzungsgefährdet sind und sich selbst für ihre „Faulheit" hassen. Trotz können Sie von vornherein verhindern, indem Sie Ihren Kindern zum einen Entscheidungsfreiheit lassen *und* die Konsequenzen ihrer Entscheidungen spürbar machen. Das ist in der Realität allerdings nur selten wirklich umsetzbar. Daher ist es ratsam, Kinder zum anderen um das zu bitten, was man von ihnen möchte, und hier ebenso zu betonen, welchen Nachteil das Nichtentsprechen der Bitte hat.
Beispiel: „Lisa, bitte räume deine Bastelsachen vor dem Essen aus der Küche. Wenn nicht, schmeiße ich sie sonst weg."
Falsch ist, sich in Dinge einzumischen, wie etwa: „Benjamin, bitte hilf Opa im Garten, die Äpfel aufzusammeln, schließlich kocht er uns davon Apfelmus." Falls der wahre Grund der Bitte jedoch ist: „... sonst hält er dich für undankbar und mich für eine schlechte Mutter", ist das eine Sache, die jeder der Beteiligten mit Opa selbst ausmachen sollte. Wenn der Enkel keinen Wert auf Apfelmus legt, braucht er auch nicht beim Äpfelsammeln zu helfen (vorausgesetzt er kennt schon den Zusammenhang zwischen Äpfeln und Apfelmus). Er be-

kommt dann entweder sein Apfelmus trotzdem geschenkt, oder er bekommt konsequenterweise eben keins.

Zur Erklärung: Kinder spüren ganz genau, dass ein unaufgefordert gebrachtes Geschenk keinen Dank verdient. Kinder reagieren sehr sensibel auf Erpressungsversuche und wenden sich nach und nach vom Schenkenden ab. Kinder verstehen bis zum Alter von etwa sechs bis acht Jahren noch nicht, dass Erwachsene tatsächlich das Bedürfnis haben können, Kindern etwas Gutes zu tun, um deren Aufmerksamkeit zu bekommen. Geschenke und Belohnungen sind ohnehin ein Thema für sich, dem ich ein Extrakapitel gewidmet habe:

Die Motivationsfalle: Belohnung macht abhängig!

Es gibt eine recht interessante Untersuchung, nach der Kinder, die für ihre Leistungen belohnt wurden, beim Ausbleiben von Belohnungen auch keine Leistungen mehr zeigten. Dagegen erbrachten andere Kinder, die für die gleiche Leistung keine Belohnung bekamen, bei Folgeaufgaben sogar noch bessere Leistungen. Das lassen wir uns hier einmal auf der Zunge zergehen, denn damit stoßen wir das dunkle Tor zu einem Aspekt der hohen Arbeitslosigkeit auf. Wenn ein Mensch durch Belohnung motiviert wird, arbeitet er so lange, wie die Belohnung als wertvoll empfunden wird. Doch die Absicht des Menschen ist nun einmal Verwirklichung, das ist gleichbedeutend mit Entwicklung und Expansion, denn wenn ein Ziel erreicht ist, wird der Mensch ein höheres Ziel verwirklichen wollen. „Verwöhnung“ können Sie das nennen. Man gewöhnt sich an seine Belohnung und damit stellt diese keinen Anreiz mehr dar, sondern eine Selbstverständlichkeit. Für Selbstverständlichkeiten arbeiten Belohnungsabhängige aber nicht. Wenn also die Belohnung, und damit genau genommen die stetig steigende Belohnung, ausfällt, entfällt auch die Leistungsbereitschaft. Und das automatisch so lange, bis der Gewöhnungsstandard wieder abgefallen ist. Langzeitarbeitslosigkeit mit ihren finanziellen Folgen etwa sorgt oftmals dafür, dass die Betroffenen sich wieder an einen bescheideneren Lebensstandard anpassen und dann eine Entlohnung, die einige Jahre zuvor noch als „Ausbeutung“ und „Entwürdigung“ empfunden worden wäre, nun als „besser als nichts“ wahrnehmen; sie funktioniert damit wieder als Belohnung – bis die Gewöhnung eintritt. Belohnungsabhängige sind im Teufelskreis der stetig wiederkehrenden Unzufriedenheit. Fehlt diesen Menschen die Möglichkeit, sich selbst eine Steigerung des Einkommens zu verschaffen, sind der Frust und damit der Leistungsabfall vorprogrammiert.

Nur weil Eltern damals gute Noten, braves Verhalten und Zimmeraufräumen mit Belohnungen verknüpft hatten, schweben deren Kinder später in der Gefahr der Abhängigkeit. Sehen wir uns die Belohnungsideologie des letzten Jahrhunderts an, in dem das selbstständige Handwerk und Familienbetriebe nahezu flächendeckend durch die Industrialisierung verdrängt wurden. Daher braucht sich niemand mehr darüber zu wundern, dass es heutzutage so viele Menschen gibt, die darauf warten, dass man ihnen Arbeit gibt – obwohl hierzulande, wie weltweit, reichlich Arbeit vorhanden ist, aber eben nicht in der Form abhängiger Beschäftigung. Von wem sollen Kinder Selbstständigkeit lernen, wenn diese Berufseinstellung den Eltern völlig fremd ist beziehungsweise wenn die Eltern die Kinder von Belohnung abhängig gemacht haben, im guten Glauben, man könnte Kinder damit motivieren?
Kinder, die das Glück hatten, von elterlichem Belohnen weitgehend verschont zu bleiben, zeigen sich infolgedessen erstaunlich selbstmotiviert. Der absolut überwiegende Teil unserer Kunden, die in selbstbestimmten Berufsverhältnissen arbeiten, zeigt eine wesentlich höhere Leistungsbereitschaft und größeres Durchhaltevermögen in Krisenzeiten. In meinem Erfolgsratgeber „Zielen – loslassen – erreichen!“ zeige ich auf, welche Mechanismen es sind, mit denen ein Mensch mühelos erfolgreich wird. Nicht mit einem Wort rate ich dazu, sich in Abhängigkeit zu begeben, um glücklich, gesund, vermögend und zufrieden zu sein. „Belohnen“ heißt in diesem Sinne nicht, dass Sie kein gutes Wort darüber verlieren sollen, wenn Ihre Kinder einmal gute Noten geschrieben oder das Kinderzimmer aufgeräumt haben – denn das ist *Loben*. Loben ist erlaubt! Nein, *belohnen* bedeutet, dass die Belohnung für das Kind der eigentliche Anreiz zur Leistung wird.
Das Ausbleiben von Strafe war zur Zeit unserer Großeltern quasi deren Belohnung, um Fehlverhalten zu vermeiden oder Leistung zu fordern, genau wie heut-

zutage noch in den autoritären Gesellschaften dieser Welt. Was passiert mit Menschen, für die das unerwartete Ausbleiben von Strafe zum Dauerzustand wird? Sie zeigen statt Leistung Fehlverhalten. Würden sich Gesellschaften vor kultureller Durchmischung, etwa bei Migrationswellen, zunächst über deren jeweiligen Leistungskodex verständigen, gäbe es vielleicht etwas weniger Konfliktstoff und damit weniger Fremdenfeindlichkeit. Wenn eine Gesellschaft folglich wüsste, dass bestimmte Immigrantengruppen nicht selbstverantwortlich, sondern generell autoritär sozialisiert sind, könnte man diese Menschen ihrem soziokulturellen Hintergrund entsprechend eingliedern. Man würde sie nicht sich selbst überlassen und zudem darauf schimpfen, dass diese etwa faul oder notorisch kriminell seien. Mit dem richtigen Verständnis lassen sich auch solche Konflikte frühzeitig abwenden, da die jeweilige Erwartungshaltung an das Gegenüber realistischere Dimensionen einnehmen kann.

„Kevinismus“ oder: Nomen est Omen

Erwartungshaltungen spiegeln sich übrigens auch in der Namensgebung wider. Schließlich ziehen Eltern die Namen ihrer Kinder nicht aus einer Lostrommel – auch wenn man das durchaus manchmal meinen könnte –, sondern denken oft monatelang darüber nach, mit welchem Etikett ihr Nachwuchs am besten beklebt werden kann. Es ist ein bemerkenswerter Unterschied, ob Eltern sich für einen religiösen, bürgerlichen, traditionellen, modernen oder exotischen Namen entscheiden. Ganz verdächtig finde ich es immer, wenn die Kinder den Namen eines Eltern- oder Großelternteils oder gar eines verstorbenen Verwandten tragen müssen. Man kann in solchen Fällen schon fast automatisch davon ausgehen, dass die Kinder mit dem Namen auch einen Auftrag bekommen, nämlich den, dafür zu sorgen, dass der Namenspatron endlich Stolz empfinden kann – aufgrund der Erfolge und des Lebenswandels des Kindes. Wehe, wenn das so stigmatisierte Kind nicht den Erwartungen entspricht, dann ist die Enttäuschung groß und der Familienstreit vorprogrammiert! Ich hatte eine Kundin, die den Namen der ersten großen, aber unerfüllten Liebe ihres Vaters trug. Dass die eigene Mutter ein Leben lang auf die eigene Tochter eifersüchtig war, wird auch denjenigen, die sich nicht mit systemischer Aufstellung auskennen, einleuchten.

Richtig schlimm wird es, wenn Eltern ihr eigenes Leben als chancenlos erfahren haben, sich verachtet und verkannt fühlen und daher ihren Kindern einen Namen anheften, den man eher von Filmplakaten, CD-Covern oder der Klatschpresse her kennt. Die satirische Internetseite www.uncyclopedia.de beschreibt dieses Phänomen halb ironisch, halb ernsthaft als Kevinismus. Ich zitiere hier einen Auszug daraus, weil ich die Erfahrung gemacht habe, dass manche Kinder unter ihrem Namen leiden wie unter einem körperlichen Makel und daher die Sensibilität der Eltern durchaus geschärft werden darf, notfalls auch mit kleinen Sticheleien:

„Als Kevinismus (auch: Chantalismus) bezeichnet man die krankhafte Unfähigkeit, menschlichem Nachwuchs menschliche Namen zu geben. Kevinismus führt bei den Erkrankten und vor allem bei deren Nachwuchs zur sozialen Isolation. Die Betroffenen entwickeln eine Psychose gegen gesunde Menschen und verkehren nur mit Personen, die ebenfalls an Kevinismus leiden. Die Krankheit kommt in allen Gesellschaftsschichten vor. Sie tritt jedoch in den Randschichten verstärkt auf. Seltsamerweise haben sowohl Menschen der Unterschicht (Hartz-IV-Empfänger und C-Promis) als auch der Oberschicht (A- und B-Promis) das Bedürfnis, ihren Kindern vollkommen exotische Namen zu geben. Ein Grund könnte sein, dass sie die Einzigartigkeit ihrer Kinder auf übertriebene Art nach außen demonstrieren wollen."

So weit das Zitat. Was hier so satirisch dargestellt wird, hat durchaus einen ernsten Hintergrund. So veröffentlicht die Augsburger Allgemeine am 9. Januar 2008 auf ihrer Internetseite[8] einen Artikel, in dem der soziale Hintergrund der Namensgebung untersucht wird.

„Prof. Dr. Udo Rudolph, Inhaber der Professur Allgemeine und Biologische Psychologie an der TU Chemnitz, sowie seine Diplomanden Robert Böhm und Michaela Lummer belegen: Hören wir einen Vornamen, so schlussfolgern wir daraus das Alter der betreffenden Person und darüber letztlich auch deren Attraktivität und Intelligenz.

8 www.augsburger-allgemeine.de

‚Die Träger moderner Vornamen wurden dabei stets jünger eingeschätzt als solche mit altmodischen', erklärt Robert Böhm. ‚Es zeigte sich zudem, dass darüber hinaus anhand des geschätzten Alters Schlussfolgerungen über die Attraktivität und (in geringerem Maße) auch die Intelligenz des Besitzers eines Vornamen getroffen werden', ergänzt Michaela Lummer. Je jünger, desto attraktiver, und je attraktiver, desto intelligenter – so lautet der vom Hörer eines Vornamens gezogene Schluss. ‚Das wahrgenommene Alter ist somit die zentrale Information im Vornamen', erklärt Prof. Rudolph.
Weitere Ergebnisse der Studie sind, dass viele Modenamen wie Sarah und David religiösen Ursprungs sind und somit auch ihren Träger religiöser wirken lassen. ‚Außerdem fiel uns auf', erläutert Robert Böhm, ‚dass subjektive Merkmale wie Klang und Modernität bei der Namensvergabe entscheidender sind als objektive Kriterien, wie die – früher durchaus übliche – Benennung nach den Großeltern oder den Eltern des Kindes.'"
Aber noch mehr kann aus den Vornamen geschlossen werden, haben die Forscher herausgefunden. So entscheidet das Einkommen der Familie bei der Namensgebung maßgeblich mit. „Je niedriger der Verdienst, desto mehr lassen sich Eltern durch die Mode beeinflussen", sagt die Sprachwissenschaftlerin Gabriela Rodriguez von der Universität Leipzig. So geben Arbeiter ihren Kindern meist Modenamen wie Nils, Lee, Mike, Robby und Cassidy oder Jaqueline. „Der Mittelstand ist oft inspiriert von Prominenten und nennt seine Kinder gerne Justin, Kevin und Jessica oder Jennifer – eben exotisch klingende Namen. Gutverdiener und Akademiker bevorzugen dagegen häufig klassische Namen wie Alexander oder Michael und Katharina oder Maria."

Auch auf der Internetseite der Tageszeitung „Die Welt" schlägt sich diese Diskussion nieder. Hier wird der Soziologe Jürgen Gerhards zitiert, der einen klaren Zusammenhang zwischen der Namensgebung und der sozialen Schicht der Eltern sieht. „Die Namensgebung angloamerikanischer Namen ist ein Unterschichtphänomen“, so Gerhards. Die Oberschicht dagegen, die „in die Oper geht und nicht Musikantenstadl schaut“, wolle sich elitärer sehen, so der Artikel. „Höhere Schichten haben ein starkes Abgrenzungsbedürfnis. Unten ist es eher egal“, beschreibt Gerhards den Unterschied. Dabei sei die Oberschicht traditionsbewusster und greife deshalb wieder mehr auf deutsche Namen zurück. „Die Unterschicht beginnt, die Namensgebung der Oberschicht zu übernehmen“, so Gerhards. Dass der Namenstrend zu angloamerikanischen Bezeichnungen geht, liegt nach Meinung Gerhards an zwei Faktoren: Wohlstand und kulturelle Nähe. „Die Namensvergabe hat immer was mit Wertschätzung zu tun.“ Dabei gefielen Namen aus Ländern, die Wohlstand produziert haben und aus einem Kulturkreis kommen, der uns historisch-kulturell nahe ist, besser – angloamerikanische Länder also.“[9] Eine Online-Befragung auf derselben Seite zeigte, dass 85 Prozent aller Befragten davon ausgehen, dass man vom Namen auf die soziale Zugehörigkeit schließen kann.

Der Unterschicht anzugehören ist beileibe keine Schande! Ich selbst bin nicht mit goldenen Löffeln geboren, sondern vor allem mit viel Liebe aufgewachsen. Doch ich befürchte: Wer bei der Namensgebung schon keine Sensibilität und keinen Weitblick für Sohn und Tochter beweist, der wird im Umgang mit seinem Kind womöglich eine ebenso unglückliche Hand haben. Wobei dies alles nur Mutmaßungen sind. Niemand vermag zu sagen, was erzieherisch richtig ist, denn letztendlich entscheidet natürlich allein die Lebensqualität des erwachsenen Kindes über Erfolg und Misserfolg seiner elterlichen Bemü-

9 www.welt.de/politik/article1727650/Wie_Namen_die_Zukunft_von_Kindern_beeinflussen.html#vote_1727690

hungen. Bedenken Sie einfach: Vom Namen Ihrer Kinder kann jeder auf Ihren Charakter schließen. Jeder kann herausfinden, ob Sie eher moderne, religiös geprägte, konservative oder oberflächliche Eltern sind. Spätestens wenn zum Namen des Kindes weitere Informationen wie Kleidung, Ausdrucksweise, Körperhaltung und anderes hinzukommen, wird dieser Eindruck meist entweder bestätigt oder aber ein Widerspruch erkennbar.

Es gibt übrigens neben einer unglücklichen Namenswahl noch weitere Einflüsse und Faktoren, die das Kind in seiner Entwicklung beeinträchtigen können. Die Geschwisterkonstellation gehört dazu. Ich habe dieses Kapitel zwar einem früheren Buch von mir entnommen, doch glaube ich, dass es hier im Zusammenhang mit Erziehung wiederholt werden sollte:

Erziehungsfaktor Geschwisterkonstellation

Die Einordnung in die soziale Rangfolge ist abhängig vom Verhältnis zu den Eltern und von der Geschwisterkonstellation, in der ein Mensch aufgewachsen ist. An welcher Stelle der Geschwisterreihe ein Mensch zur Welt kommt und welche Erwartungen an ihn gestellt werden, prägt seine soziale Rolle. Bereits kurz nach der Geburt beginnen Kinder, sich in den sozialen Kontext ihrer Umgebung einzuordnen. Hierdurch vergleichen sie sich unterbewusst mit anderen. Sie stellen genau fest, ob sie der kleinste, einer der kleinen oder der größte der Kleinen sind. Hierdurch ergeben sich verschiedene Konstellationen für die Erwartungen der Eltern an deren Kinder. So stellt ein Erstgeborener rasch fest, dass er zwar den Geschwistern gegenüber einen Reifevorsprung hat, denn er kann schon laufen, sprechen und alleine aufs Töpfchen gehen. Aber ihm wird zugleich auch immer klarer, dass dies auch von ihm *erwartet* wird, derweil der Zweitgeborene nichts kann, aber auch nichts *muss,* und für einen Rülpser mehr Applaus bekommt als der Große für eine Buntstiftzeichnung. Diese Ungerechtigkeit einem Erstgeborenen zu erklären, ist nahezu unmöglich. Allerdings hilft es immer, das ältere Kind die Vorteile seines Vorsprungs spüren zu lassen, damit es sich nicht entthront fühlt und keine Selbstwertstörungen entwickelt.

Ein Kind kommt zunächst mit einem perfekten Selbstwertgefühl zur Welt. Es würde sich selbst niemals Unbehagen antun oder ein solches erdulden. Ein Baby wird, sobald es ein Problem verspürt, versuchen, eine Lösung dafür zu finden. Meistens kann es Probleme, wie unbefriedigte Bedürfnisse, jedoch nicht allein lösen, also schreit es um Hilfe. Doch das nimmt man ihm meist übel – niemand lässt sich gerne erpressen, auch nicht durch das Schreien eines Babys. Die weit verbreitete pädagogische Faustregel vieler Generationen: „Man muss ein Kind auch mal schreien lassen" gilt einfach nicht. Wenn ein Kind schreit, hat es ein Problem. Wird dieses nicht gelöst, wird das Kind beim nächsten Unbehagen lauter und länger schreien – es kennt keine andere Möglichkeit der Hilfebeschaffung.

Zusätzlicher „Störfaktor" für die Entwicklung des Selbstwerts und des Selbstbewusstseins ist die Elternerwartung: Papas Liebling wird versuchen, so zu sein wie Papa, auch wenn es sich um ein Mädchen handelt (Yang-Verpolung). Jungs werden in der Folge sehr maskulin – Mädchen auch, obwohl äußerlich feminin und attraktiv.
Papas Sündenbock hingegen wird äußerlich sehr maskulin, wenngleich er / sie innerlich eher der Mutter folgt (Yin-Verpolung).

Ist die Mutter hingegen die positive Bezugsperson, nimmt das Kind feminine Sozialisationsfaktoren an. Jungs werden eher ausgeglichen und nicht „hart", Mädchen identifizieren sich ohne „Yang-Verpolung" mit der typischen Frauenrolle.
Wird das mütterliche Vorbild als negativ, als druckvoll empfunden, neigen Töchter zu maskulinen Eigenschaften und Jungs werden „harte Kerle".

Dies bezieht sich auf den tatsächlichen, subjektiv empfundenen Einfluss: also Akzeptanz oder Nichtakzeptanz, also, ob das Kind dem Verhalten nachahmend gegenübersteht oder ablehnend. Dies ist bedingt durch das elterliche Vorleben von Durchsetzungsfähigkeit, also immer wieder der Frage folgend: Führt das gezeigte Verhalten zum Durchsetzen der Absicht, oder nicht? Kinder folgen nun einmal stets und ausnahmslos dem, der sich am erfolgreichsten durchsetzen kann, alles andere würde dem menschlichen Bestreben nach

Verwirklichung der eigenen Absicht widersprechen. Wenn ein depressives Verhalten dafür sorgt, dass man dem Wunsch des Depressiven stattgibt, nur um ihn nicht weiter zu verletzen, so kann dies für Kinder schnell zu einer kopierfähigen Erfolgsstrategie werden. „Erblich bedingt“ nennen das die Naturwissenschaftler; als „Modell-Lernen“ bezeichnen es die Erziehungswissenschaftler.

Bei der Tücke der Geschwisterkonstellation und den damit verbundenen Persönlichkeitsveränderungen, die durch unzulässige Vergleiche und Schlussfolgerungen zustande kommen, haben wir es übrigens nicht mit einem „vorprogrammierten Fehler“ von „Mutter Natur“ zu tun, wie man meinen könnte. Der amerikanische Autor Neale Donald Walsch weist uns in seinem Buch „Gespräche mit Gott, Band 3: Kosmische Weisheit“ (Goldmann, München 1999) darauf hin, dass wir alle einmal in Sippen aufgewachsen sind, bevor wir vor einigen wenigen Jahrhunderten auf die Idee kamen, kleine Kernfamilien zu gründen.
In Sippen jedoch, umgeben von Nachbarn, Onkels, Tanten, Cousins und Cousinen, Omas und Opas, wussten wir noch nicht einmal, wer von den ganzen Männern eigentlich unser Vater ist – es war uns wahrscheinlich auch egal. (Bei den Aborigines in Australien ist das heute noch so: „Mutter“ und „Vater“ sind ganz allgemeine Begriffe für enge Bezugspersonen.) In der Großfamilie wuchsen wir auf in dem Bewusstsein, einer der *Kleinen, die immer größer werden,* zu sein. Mit 14 Jahren waren wir erwachsen und längst immun gegen unzulässige Vergleiche.

Eine recht umfassende Beschreibung der Auswirkung der Geschwisterkonstellation finden wir bei dem Psychologen Michael G. Viertel (zitiert aus: www.artikelmix.de/familie/geschwisterkonstellation.html):

„Die Geschwisterkonstellation und deren Auswirkung auf die Charaktere wird durch drei Faktoren bestimmt. Das sind das Geschlecht und die damit verbundene Konkurrenz sowie der Altersabstand zwischen den Geschwistern.

Der/Die Erstgeborene: definiert sich durch Leistung; hält sich an Ordnung und Disziplin; ist realistisch in Beruf und Beziehung; kann delegieren und dirigieren; organisiert und hält die Familie zusammen; ist fürsorglich und versorgend; ist schon mal bestimmend und zeigt Härte; will sich fallenlassen können; neigt zum Ausgebranntsein.

Der/Die Zweitgeborene: fühlt sich verkürzt; denkt immer an Konkurrenz; ist oft abwertend und aggressiv; ist immer auf der Überholspur; ist ehrgeizig und leistungsorientiert; will die erste Position; und sein Motto: ‚Das Leben ist ein Kampf!'; benutzt Abkürzungen im Leben; will sich geliebt fühlen.

Das Nesthäkchen (das jüngste Geschwister): ähnelt sehr dem Einzelkind; ist oft fordernd; ist lebensfremd naiv und neigt zum Narzissmus; hat oft ältere Partner mit Kindern; ist durch seine Grübeleien oft launisch; neigt zum Chaos; lehnt sich an disziplinierte Autoritäten an; hat öfters Sprachstörungen, da es sich nicht ernst genommen fühlt.

Das Einzelkind: ist konkurrenzlos aufgewachsen; wird vielfach verzärtelt; ist unselbstständig und lebensunsicher; fühlt sich als Superstar oder Kronprinz/ Kronprinzessin; neigt zu Phobien und Ängsten; sucht sich oft ältere Lebenspartner; sucht stets Sicherheit in allen Bereichen; liebt den Luxus; ist nicht allzu leistungsbereit."

Das ist übrigens einer der Gründe, warum Paare, bestehend aus einem Erstgeborenen und einem Letztgeborenen, fast magnetisch zusammenkleben – die beiden haben bereits als Kinder gelernt, wer führt und wer folgt. Paare, die aus Geschwistern gleichen Ranges bestehen, müssen immer enorm viel diskutieren, denn hier ist nichts von vornherein klar.

Ein bemerkenswerter Sonderfall sind Zwillingsgeburten. Ein Zwilling hat im Mutterleib monatelang die Erfahrung der direkten Interaktion gemacht. Zwillinge spüren, dass sie nicht allein sind. Genau das ist der Grund, warum diese als Erwachsene besonders hohe Ansprüche an Resonanz und Gemeinsamkeit haben, sprich, sich bei Missverständnissen und Konflikten recht schnell einsam fühlen. Ein weiterer Sonderfall sind die nicht zur Geburtsreife gekommenen Zwillingsschwangerschaften – dies geschieht anscheinend öfter, als man denkt. Bisherige Untersuchungsmethoden wie Ultraschall oder Hormonstatusmessungen ergaben, dass etwa elf bis 15 Prozent aller Schwangerschaften vorzeitig mit einer Fehlgeburt enden. Doch mit spezielleren Untersuchungen konnte man feststellen, dass sogar etwa 70 Prozent aller Schwangerschaften schon vor dem Zeitpunkt der erwarteten Regelblutung „abgehen" und von der Frau nicht erkannt werden, da die Menstruation pünktlich oder nur wenige Tage später eintritt. Die Fehlgeburt konnte somit gar nicht als solche wahrgenommen werden. Es ist also gar nicht so selten, dass Zwillinge verloren werden. Der pränatale Verlust eines Zwillingsgeschwisters führt oftmals zu einem rätselhaften „Suchverhalten". Der überlebende Betroffene ist zeitlebens von dem unbestimmten Gefühl beseelt, jemanden Passenden suchen zu müssen. Wir konnten in der Praxis diese tragische Suche, die selbst während funktionierender Partnerschaften hindurch aufrechterhalten bleibt und Stoff für Eifersuchtsgefühle beim Partner gibt, durch das Bewusstmachen der frühkindlichen tiefenpsychologischen Hintergründe beenden. Da wir aber im Begriff sind, das eigentliche Kapitel „Geschwisterkonstellation" zu verlassen, verweise ich den interessierten Leser auf mein Buch „Heiler werden" (geplant 2011), in welchem Sie mehr dazu erfahren werden.

Wieder zurück zum Thema:

Die österreichische Wirtschaftsforscherin Anna Kopetz beschreibt in ihrem Referat „Die Position in der Geschwisterfolge – Einfluss auf Persönlichkeit und Intelligenz" ein interessantes Forschungsergebnis des Psychologen und Wissenschaftshistorikers Frank J. Sulloway. Dieser untersuchte in den späten 1990er Jahren, „welchen Einfluss die Position in der Geburtenfolge auf die Entwicklung von Führungs- beziehungsweise ‚Umsturz'-Persönlichkeiten hat. Dabei interessierten ihn sowohl die AnführerInnen von wissenschaftlichen als auch von politischen Revolutionen. Sulloway durchforstete rund 25 Jahre lang sämtliche Revolutionen, die sich in der Vergangenheit ereignet hatten. Er untersuchte rund 120 geschichtliche Ereignisse und 6.500 Biografien. Weiter erforschte er 28 wissenschaftliche Revolutionen und erkundigte sich bei Historikern über verschiedene Forscherpersönlichkeiten. Sulloway kam zu dem Schluss, dass die Geburtenfolge einen großen Einfluss auf die Persönlichkeit ausübt: Erstgeborene erhalten tendenziell den Status quo, während Letztgeborene diesen umstürzen. Sulloway stützte seine These vor allem auf folgende Theorie, die in der Forschung immer wieder aufgetaucht war: Man geht davon aus, dass Eltern nur eine beschränkte Menge an freien Ressourcen haben, die sie unter ihren Kindern aufteilen können. Dabei handelt es sich sowohl um materielle Ressourcen als auch um immaterielle Ressourcen. Wenn das erste Kind auf die Welt kommt, erhält es automatisch das Maximum an Versorgung.

Wenn aber Geschwister nachfolgen, müssen die Eltern die Ressourcen umverteilen. Die Kinder stehen nun untereinander im Wettbewerb um die Ressourcen der Eltern. Und: Je mehr ‚Marktteilnehmer', desto härter der Wettbewerb. Vor allem die Letztgeborenen müssen sich schon ziemlich verrückte Dinge einfallen lassen, um bei der Ressourcenverteilung nicht zu kurz zu kommen. Sie müssen also Nischenpositionen finden. Und dieses Finden von Nischen beziehungsweise die Strategien, um sich von den Geschwistern zu differenzieren, führen dazu, dass Letztgeborene beziehungsweise Später-Geborene eher zu Revolutionären neigen als Erstgeborene." [10]

Damit ist gesagt, dass Letztgeborene unter großem Problemlösungsdruck stehen. Ob das auch in der heutigen ressourcenreichen Zeit noch gilt, wage ich anzuzweifeln. Ich denke sogar, es ist mittlerweile eher umgekehrt: Beim ersten Kind wird seitens der Eltern aufgrund der Unerfahrenheit noch sehr viel falsch gemacht. Bei den nachfolgenden Kindern sind die Eltern bereits wesentlich routinierter im Umgang und daher meist auch gelassener. Der erste Sprössling hätte da schon eher einen Grund, „Revolutionsgedanken" zu hegen, wenn nicht seine Erfahrung wäre, dass die Haupterfolgsquelle elterliche Anpassung ist. Weil nun also die Eltern weiterhin diejenigen sind, die letztlich mit ihrem Einfluss die Weichen stellen, folgt ein kleiner psychologischer Test, mit welchem Sie herausfinden können, ob Sie das Potenzial zu einem „Naturpädagogen" haben:

10 www.proscientia.at/uploads/media/Anna_Kopetz_-_Die_Position_in_der_Geschwisterfolge_01.pdf

Psycho-Test: Sind Sie ein gutes Vorbild?

Nach Jahren des Zusammenlebens mit Ihren Kindern zeigt sich oft erst später, ob Sie Ihre Aufgabe gut gemacht haben. Doch gibt es bereits jetzt Anzeichen dafür, ob Sie ein Mensch sind, von dem ein Kind risikolos erwachsenes Verhalten erlernen kann.

Die folgenden Fragen sind bewusst so gehalten, dass sie nicht exakt formuliert sind, sondern Interpretationsspielraum lassen. Antworten Sie vor allem polarisiert; nur ein wirklich klares und überzeugtes „Ja" gilt als ein „Ja". Wenn Ihnen zu einer Antwort nichts einfällt, so machen Sie bitte kein Kreuz. Sie finden am Ende als Auswertung meine persönliche und ganz pauschale Einschätzung.

1. Kinder sind meist direkt und ehrlich.
   Fühlen sich Kinder zu Ihnen hingezogen? ☐ Ja

2. Freunde sind oft ein Indikator dafür, wo man gesellschaftlich steht. Haben Sie einen oder mehrere gute Freunde, die in großen Teilen der Gesellschaft beliebt sind? ☐ Ja

3. Von Jammern und ängstlichem Sparen wird niemand reich.
   Empfinden Sie sich als wohlhabend? ☐ Ja

4. Ihr Körper zeigt Ihnen, was mit Ihnen los ist.
   Sind Sie ein Mensch von guter Gesundheit? ☐ Ja

5. Besonders in heiklen Situationen zeigt sich Sozialkompetenz. Gelingt es Ihnen, mit schwierigen Menschen konfliktfrei umzugehen? ☐ Ja

6. Selbstsicherheit ist wichtig für Kinder. Würden Sie sich selbst als erfolgreich bezeichnen? ☐ Ja

7. Wie verantwortungsbewusst sind Sie tatsächlich? Sind Sie mit Ihrer aktuellen beruflichen Situation zufrieden? ☐ Ja

8. Ein Kind braucht zuverlässige Vorbilder. Gelten Sie in Ihrem Umfeld als sympathisch? ☐ Ja

9. Eine Frage zu Ihrer Selbstsicherheit: Ärgern Sie sich nur selten über sich selbst und über andere? ☐ Ja

10. Auch ein Zeichen für Sozialkompetenz: Sind Ihre partnerschaftlichen Beziehungen harmonisch? ☐ Ja

11. Wenn Kinder Ihnen folgen, so tun es andere auch: Erhalten Sie viel Anerkennung? ☐ Ja

12. Partys, Empfänge, Festlichkeiten: Sind Sie ein beliebter Gast? ☐ Ja

13. Hand aufs Herz, wie sehr mag man Sie? Fühlen sich die meisten Menschen mit Ihnen in einem Raum auch über längere Zeit wohl? ☐ Ja

14. Tiere lügen nicht: Gelingt es Ihnen, dass Tiere sich zu Ihnen hingezogen fühlen? ☐ Ja

15. Viel versprechen kann jeder. Wie sieht die Realität aus? Kennt man bei Ihnen souveräne Gelassenheit in kritischen Situationen? ☐ Ja

16. Jeder Mensch lügt. Können Sie Ihre Unwahrheiten begründen? ☐ Ja

17. Können Sie Ihre Fehler so erklären, dass man Ihnen diese aufrichtig verzeiht? ☐ Ja

18. Ordnung muss sein. Halten Sie sich aus Überzeugung, statt aus Angst, an Gesetze? ☐ Ja

19. Verzeihen Sie anderen auch einen gröberen Fehltritt? ☐ Ja

20. Gelassenheit macht angenehm. Fühlen Sie sich nur selten von Ihren Mitmenschen verletzt? ☐ Ja

21. Sind Sie begeisterungsfähig? ☐ Ja

22. Vergessen und Verdrängen gehen oft einher. Können Sie sich gut an Ihre Kindheit erinnern? ☐ Ja

23. Gelten Sie als verständnisvoll? ☐ Ja

24. Haben Sie das Gefühl, die Chancen Ihres Lebens zu nutzen? ☐ Ja

25. Kinder lernen am besten durch Ausprobieren. Sind Sie risikobereit? ☐ Ja

26. Haben Sie Achtung und Respekt vor Lebewesen jeder Art? ☐ Ja

27. Ein paar Bekannte hat fast jeder, doch wie sieht es mit dem Tiefgang aus: Schenken die meisten Menschen Ihnen besonderes Vertrauen? ☐ Ja

28. Welchen Eindruck vermitteln Sie? Sind die Menschen im Gespräch mit Ihnen locker und offen? ☐ Ja

29. Offenheit öffnet Herzen. Lassen Sie Ihre Mitmenschen an Ihren Gefühlen und Gedanken teilhaben? ☐ Ja

30. Gelingt es Ihnen, dass auch Fremde schnell mit Ihnen in Kontakt kommen wollen? ☐ Ja

Nachdem Sie diese dreißig Fragen beantwortet haben, bedenken Sie: Kein pauschaler Psycho-Test der Welt kann Ihre persönliche Realität erfassen, geschweige denn bewerten. Dieser Test ist weniger dazu gedacht, Sie einzuschätzen, sondern eher dazu, Sie nachdenklich zu machen. Niemand ist perfekt, denn selbst das wäre vermutlich verdächtig. Im Grunde war dies ein Test Ihres Charakters, denn wenn dieser gefestigt und ausgeglichen ist, dann kann ein Kind sich an Ihnen orientieren.

Diese Auswertung basiert auf meiner ganz persönlichen Einschätzung:

- Null bis neun eindeutige „Ja“-Antworten: Entweder ist dieser Test für die Welt untauglich, oder Sie selbst. Es scheint Ihnen an einigen der elementarsten Eigenschaften zu fehlen, um in dieser Gesellschaft in einem gesunden und konfliktfreien Miteinander zu leben.

- Zehn bis 20 eindeutige „Ja“-Antworten: Denken Sie über Ihre Antworten in Ruhe nach und versuchen Sie im Laufe der Zeit, ein paar „Ja's“ dazuzugewinnen. Es könnte sein, dass Sie zwar „ein guter Mensch“ sind, aber eine Menge seelischer Verletzungen mit sich herumtragen, die andere Menschen leider deutlich spüren. Je weniger Ängste und Selbstschutzsignale Sie aussenden, je weniger hart oder verletzlich Sie wirken, desto mehr werden Ihre Mitmenschen den Kontakt zu Ihnen schätzen. Und desto mehr können Kinder von Ihnen lernen, wie großartig es ist, ein Erwachsener zu sein. Vielleicht beruhigt Sie dieser Hinweis: Allein die Tatsache, dass Sie dieses Buch bis hierher gelesen haben, zeigt Ihre Bereitschaft, sich ernsthaft und selbstkritisch mit der Frage der Kindererziehung auseinanderzusetzen. Dafür schenke ich Ihnen ein „Ja“. Die Bereitschaft, „sich an die eigene Nase zu fassen“, also bei Optimierungsverfahren mit sich selbst zu beginnen, ist ein echter Bonus, wenn es darum geht, vorwurfslos nach Problemlösungen zu suchen.

- 21 bis 30 klare und überzeugte „Ja“-Antworten: Sogar viele Erwachsene werden Sie als vorbildlich empfinden können. Vermutlich sind Sie ein Mensch, der über sehr viel natürliche und positive Ausstrahlung verfügt.

IV. Stressfrei begleiten und fördern

Wir alle wollen, dass es unseren Kindern gutgeht, dass sie gesund, glücklich und zufrieden sind. Aber wir haben kaum eine Vorstellung davon, was das eigentlich bedeutet, geschweige denn, wie man ein Kind dazu bringt. Die meisten Eltern glauben unterschwellig, dass ein Kind dumm bleibt und zum Verbrecher wird, wenn man es nicht erzieht. Mit Druck, Kontrolle, Kritik, Einmischung und Bevormundung werden Kinder dem Wertesystem der Eltern unterworfen, ohne dass dieses sich zuvor bewährt hat. Dass diese Denkweise ein glattes Misstrauensvotum gegen die eigenen Kinder darstellt und diese hierdurch eher Selbstwertstörungen bekommen, ist hoffentlich deutlich geworden. Dass Eltern dabei allzu häufig an die Grenzen der Frustrationstoleranz und der nervlichen Belastbarkeit kommen, versteht sich von selbst. Doch was soll man den Kindern denn nun beibringen, oder sind Eltern gar völlig überflüssig? Wozu sollen wir Kinder erziehen? Die Antwort: Nicht so sehr „erziehen“ – dazu benötigt man Profis –, sondern begleiten und fördern – das ist die Art und Weise, bei der Kinder lernen, wie großartig es ist, ein Erwachsener zu sein! Das ist stressfreier, effektiver und angenehmer dazu. Was diese neue Art der Erziehung nun beinhaltet, möchte ich im folgenden Kapitel verdeutlichen.

Neue Erziehungsziele

1) Erwachsensein – mündig und verantwortlich

Seine eigene Absicht zu entfalten und dabei nicht offensiv oder defensiv, sondern akzeptiv auf Grenzen zu reagieren ist der Weg, mit dem ein Mensch hervorragend durchs Leben kommt. Daher sollten Kinder die Erfahrung machen können, dass sie tun können, was sie für richtig halten – vorausgesetzt, die Mitwelt reagiert ihrerseits nicht mit Einschränkung und Ablehnung, sondern zustimmend oder gar dankbar. Hierbei wirkt begünstigend, dass ein Kind die Effektivität von Argumentieren, Verhandeln und Begründen lernt. Kinder werden meist so lange bevormundet, bis sie keinerlei Verantwortungsbewusstsein mehr haben. Wenn Eltern sich stets als Stellvertreter der echten Gefahr präsentieren (wie bei dem geschilderten Affen-Experiment), lernen Kinder, dass man nur das „Gemeckere“ der Eltern auszuhalten braucht, um weiter ungehindert „Mist bauen“ zu können. Das führt in der leider noch üblichen Form dazu, dass solche Menschen als Erwachsene selten die Verantwortung für konflikthaftes Verhalten erkennen, geschweige denn übernehmen.
Strafen und Verbote haben also den Nachteil, dass kindliches Verhalten damit zwar verändert, aber nicht gezielt gesteuert werden kann, geschweige denn sind sie hilfreich, mündiges Verhalten zu fördern. Kinder brauchen klare Grenzen, um sich zu orientieren. Aber Kinder brauchen diese Grenzen nur, um Möglichkeiten zu finden, diese Grenzen konfliktfrei und klug überwinden zu können! Zeigen Sie Ihrem Kind, wie es seine Wünsche und Absichten trotz Regeln und Verboten auf gesellschaftlich akzeptiertem Wege verwirklichen kann, denn sonst ziehen Sie sich einen Duckmäuser oder Gesetzesbrecher heran, der auch als Erwachsener keine Grenzen als sinnvoll anerkennt. Je grö-

ßer die Gewalt war, mit welcher Eltern ihre Kinder einschränkten und Verbote durchsetzten, desto sinnloser wird diese Maßnahme im Sinne von Mündigkeit: Verantwortungslosigkeit am Arbeitsplatz, beim Umweltschutz, in der Gesundheit oder im Straßenverkehr – man braucht ja nur die Strafe über sich ergehen zu lassen und schon ist alles gut ... In der problematischeren Form geschieht es dann, dass Menschen sogar ganz provokativ an Grenzen herangehen, um zu demonstrieren, dass Sanktionen ihnen nichts anhaben können. Sie finden solche Formen oft bei Gefängnisinsassen. Auch die aktuellen Entwicklungen in Griechenland zeigen, dass Verantwortung etwas ist, das sich nicht durch Scheuklappen vertreiben lässt. Jahrzehntelang wurden in dem EU-Land Steuergelder verschwendet wie in einem Feudalstaat. Als es dann hieß, dass massiv gespart werden müsse, fingen Teile der Bevölkerung wie trotzige kleine Kinder an zu streiken und wütend zu demonstrieren. Als dann am 5. Mai 2010 durch einen Brandsatz drei Menschen starben, zogen sich alle Demonstranten plötzlich eingeschüchtert und schuldbewusst für eine Weile zurück. Kinderzimmerpolitik! Eine ganze Nation – und die Griechen sind mit Sicherheit nicht die Einzigen und auch nicht die Prototypen – zeigt, dass jeder die Verantwortung für sein eigenes Handeln innehat – ob er nun will oder nicht.

Zeigen Sie Ihren Kindern also, dass Sie immer die Konsequenzen aus Ihrem Handeln ziehen. Es ist erlaubt, einen Fehler zu machen – Hauptsache man ist in der Lage, ihn wieder zu reparieren. Daher tun Sie bitte nur das, was Sie vertreten und begründen können. Vermeiden Sie, was Sie *nachhaltig* für falsch halten, denn es *ist* falsch.

2) Kontextuelles Denken

Bei dem Stichwort „nachhaltig“ schließt sich sofort die Frage an: in Bezug auf was? Woran erkennt man denn Nachhaltigkeit? Wenn das Erreichen eines Zieles auch langfristig als erfolgreich und konfliktfrei verbucht werden kann, wenn also „unterm Strich“ das Ergebnis positiv ist, dann ist der eingeschlagene Weg richtig gewesen. Es reicht also nicht, etwas zu tun, das sofortige Befriedigung und Glücksgefühle bringt, sondern es sollten sich im Anschluss auch keine Probleme daraus ergeben. Menschen, die ein gewöhnliches Motivationscoaching im Sinne von „die Kunst, ein Egoist zu sein“ absolvieren und dabei lernen, statt „ja“ auch mal „nein“ zu sagen, machen oftmals die Erfahrung, dass der Mut, sich abzugrenzen, häufig mit Ablehnung bestraft wird. Wer plötzlich nicht mehr bereit ist, sich ausnutzen oder erpressen zu lassen, und dies ohne den Blick auf nachhaltigen Erfolg durchsetzt, landet meist recht schnell in der sozialen Isolation.

Ich erinnere mich an Katja, eine Kundin, die im Jahre 2003 zu mir kam und mittels eines Coachings ihr Übergewicht loswerden wollte. Sie neigte dazu, Kummer förmlich in sich „hineinzufressen“. Sie lebte mit ihrem Mann und zwei Kindern im Haus ihrer Eltern. Aufgrund ihres übersteigerten Harmonlebedürfnisses war sie Putzfrau, Köchin, Mutter, Tochter, Ehefrau und emotionaler Fußabtreter zugleich. Die ganze Familie war gewohnt, dass Katja, hilfsbereit, wie sie war, alles tat und machte, wenn man nur lange genug quengelte, bettelte oder sich selbst gar nicht weiter rührte. Sie räumte hinter den Kindern her, kochte für jeden Geschmack „Extrawürste“, hörte sich neunmalkluge Ratschläge und Besserwisserei von den Eltern an und bediente ihren Ehemann wie einen Pascha. Undankbarkeit und Kritik waren der Lohn, an den Katja sich schon gewöhnt hatte. Zum Ausgleich tröstete sie sich mit Speisen, die sie für Belohnungen hielt – Schokolade und Eiscreme. Wenn sie automatisch und dauerhaft abnehmen wollte, musste sie begreifen, dass ein Konflikt nicht gelöst ist, wenn man „Ja und Amen" sagt, sich im Stillen ärgert und der Druck dadurch nach innen verlagert wird. Die Belastung wurde somit immer nur verschoben und landete lediglich auf ihren eigenen Schultern – oder exakter: als Fett auf den Rippen. Bei Konflikten gilt es aber, die Belastungen ganz aus der Welt zu schaffen. Ich schlug ihr vor, in zwei Stufen zu arbeiten. Schritt eins sei, die psychosomatischen und lerntheoretischen Hintergründe des Übergewichts zu verstehen und zunächst nur darauf zu achten, was sie wann, aus welchem Grund und mit welchem Gefühl äße. So werde sie zunächst verstehen, dass nicht das Essen selbst dick macht, sondern das Gefühl, mit welchem man isst. Eine Woche später käme dann Schritt zwei: lernen, sich konfliktfrei gegen Bevormundung abzugrenzen, mit dem Ziel, nachhaltig Harmonie in ihr Familienleben zu bekommen. Diplomatie, Empathie, Verstehen, Verzeihen und das strategische Erreichen nachhaltiger Konfliktfreiheit stünden dann auf dem Programm. Somit hätte sie mühelos abnehmen können, selbst wenn sie etwas aß, weil der Druck beim Essen aufgelöst wäre.

Was geschah? Nach ein paar Tagen rief Katja mich wütend an und wollte den geplanten zweiten Termin absagen. Sie schimpfte auf mich und erklärte das ganze Coaching für „rausgeschmissenes Geld". Auf meine Frage nach dem Grund ihres Ärgers erwiderte Katja, sie habe durch das Coaching begriffen, dass sie nicht länger „den unteren Weg" gehen solle und habe sich daher gegenüber ihren Familienmitgliedern mit ungewohnter Heftigkeit gegen Druck, Erpressung und Bevormundung gewehrt. Es habe zuhause regelrecht „gekracht", woraufhin sie so unglücklich geworden sei, dass sie sich erst recht mit Süßigkeiten „vollgestopft" und zugenommen habe. Sie habe nun zugenommen und wolle daher das Coaching abbrechen. Es gelang mir, Katja klarzumachen, dass sie leider etwas zu voreilig war und sich nicht an meine Empfehlung gehalten hatte. Sie tobte „wie die Axt im Walde“ und ihre Familie „rächte“ sich. Klar. Wer plötzlich einfach nur kritisiert, herummeckert und rebelliert, erntet Ärger. Niemand begrüßt es, wenn plötzlich einseitig die Regeln geändert werden. Wer nachhaltig erfolgreich sein will, muss verstehen, wie man seine Mitmenschen derart führt, dass sie einen sogar noch unterstützen. Ich erklärte ihr, dass sie selbst den Misserfolg verursacht hatte: indem sie offenbar geglaubt hatte, sie wisse nun Bescheid und zudem selbst besser als ihr Coach, wie sie sich zu verhalten habe – obwohl wir das zweiteilige Coaching noch gar nicht bis zum Ende durchlaufen hatten. Die Folge war, dass Katjas Familie von ihrem Widerstand schlichtweg negativ überrascht worden war und daraufhin Druck aufgebaut hatte. Die Kinder und der Mann tobten und trotzten, bis Katja wieder nachgab. Klar, dass die Ehefrau und Mutter sauer war, doch ich erklärte ihr, dass ich als Coach keinerlei Veranlassung sah, ihr beizustehen, wenn sie meine Hilfe nicht wie besprochen annahm und sich im Anschluss auch noch bei mir beschwerte. Das saß! Die junge Frau am Telefon wurde ruhiger und hörte kleinlaut zu. Es gelang mir zum Glück, Katja zu der Einsicht zu bringen, dass sie es offenbar für eigene Schwäche hielt, vorgegebene Schritte zu machen, sich an Abmachungen zu halten, ohne dass sie einen rechten Sinn darin begriff. „Sie haben trotzig und ungestüm Ihr eigenes Spielzeug kaputtgemacht und heulen jetzt in Anbetracht des Trümmerhaufens“, so beschrieb ich ihr Vorgehen. Ich bot meiner Kundin erneut an, mit meiner Hilfe dieses Problemfeld anzugehen, und zwar diesmal strikt nach meinen Spielregeln, nicht nach ihren. Wir würden erneut mit zwei Terminen anfangen, sodass sie die Konsequenz ihres Handelns spüren konnte. Dies hielt ich für wichtig, um sie am eigenen Leib erleben zu lassen, wie sie mit ihrer Familie umgehen

konnte, falls diese sich künftig nicht an Katjas Spielregeln halten würde. Diese lauteten: Wer sich nicht an Vereinbarungen hält, der muss die Konsequenzen tragen. Doch wer bereit ist mitzuspielen, wird den Erfolg ernten.
Eine wichtige Regel, die Katja mit meiner Hilfe aufstellte, war, dass sie die Chefin im Haushalt ist: Sie kauft ein und kocht. Wem es nicht schmeckt, der muss sich künftig selbst sein Essen besorgen. Sie spült und macht die Wäsche. Wer seine Wäsche nicht rechtzeitig in die Wäschetruhe bringt, der geht leer aus. Wer sein Geschirr nicht in die Spülmaschine stellt, für den wird der Tisch nicht mehr gedeckt. Sie regt sich nicht mehr über Unordnung in den Kinderzimmern auf, macht im Gegenzug diese aber weder sauber noch räumt sie dort auf. Spielsachen, die in Küche und Wohnzimmer herumliegen, landen alle wieder im Kinderzimmer. Diese drastischen Regeln konnte Katja mühelos durchsetzen, weil ich ihr in einer Hypnose dazu verhalf, bei Konflikten in aller Ruhe und Gelassenheit freundlich zu bleiben und der Familie zu zeigen, dass die Mitglieder ja vieles von Katja bekommen könnten, wenn sie sich an die Regeln hielten. Wenn nicht, würde die Haushaltschefin sich auch ihrerseits nicht mehr an Abmachungen gebunden fühlen. Dadurch, dass Katja eine Weile lang nicht mehr im emotionalen Status einer Tochter, Mutter und Ehefrau lebte, sondern eher in dem eines Mitglieds einer Wohngemeinschaft, nahm sie nicht nur an Gewicht ab; auch ihre jahrelange Neurodermitis besserte sich und sie erhielt schon nach wenigen Tagen der Umstellung mehr Respekt von ihrem Ehemann – der übrigens kurz darauf ebenfalls bei mir einen Termin buchte, weil er so fasziniert von Katjas Gradlinigkeit war.
Das meine ich mit Nachhaltigkeit. Leben Sie Ihren Kindern vor, wie man wirklich Probleme vom Tisch kriegt und sie nicht einfach nur verschiebt. Die Angst vor Zurückweisung lässt viele Menschen davor zurückschrecken, Regeln aufzustellen und die eigenen Rechte einzufordern. Aber bedenken Sie, dass zum

einen die damit heraufbeschworenen Schwierigkeiten meist noch viel größer sind als ein beleidigter Partner oder ein quengelndes Kind; zum anderen werden Ihnen andere Menschen ebenso entgegenkommen und Ihnen Zugeständnisse machen, wie Sie es zu tun bereit sind, wenn man einen guten Grund dafür hat.

3) Risikobereitschaft – Angstfreiheit – Selbstsicherheit

Lassen Sie sich also nicht länger von Ihren Ängsten regieren. Angst ist ein schlechter Ratgeber! Um Angstfreiheit zu erreichen, ist die wichtigste Botschaft für Sie und Ihr Kind:

Richte deinen emotionalen Fokus auf das Ziel, das du erreichen willst, nicht auf die Risiken!

Das müssen Sie Ihrem Kind natürlich übersetzen. Um zu begreifen, was dahintersteckt, sehen wir uns einmal an, wie ein Kind laufen lernt: Es krabbelt mit ungefähr einem Lebensjahr munter herum und entdeckt etwas vor sich, das seine Aufmerksamkeit derart fesselt, dass es beschließt, dorthin zu wollen – gleichgültig wie, aber so schnell wie möglich. Damit richtet es all sein Denken nur auf das Ziel. Das kluge Gehirn, dessen unglaubliche Leistungsfähigkeit wir ja weiter oben schon beschrieben haben, koordiniert nun in einer gewaltigen – aber als mühelos empfundenen – Rechenleistung die balancierte Fortbewegung auf zwei Beinen. Hätte das Kind sein Handeln angstvoll und rational kontrolliert, also sich vorher überlegt, mit welchen Muskelbewegungen es am besten die Balance halten soll, und hätte es in Betracht gezogen, dass es sich beim Versuch zu laufen den Schädel brechen könnte, würde es noch

als Erwachsener auf dem Boden krabbeln! Angst blockiert eine Vielzahl von Verhaltensweisen, Überlegungen und Körperfunktionen – dafür ist sie schließlich da. Wer sich angstfrei um eine Sache kümmert, setzt größtmögliche Ressourcen frei. Viele Menschen haben Angst – die Ursache liegt meiner Erfahrung nach immer in traumatischen Erlebnissen innerhalb der ersten drei Jahre des Lebens (ab Zeugung). Danach können keine neuen Ängste generiert werden: Das kontextuelle und zeitliche Erfassen sorgt dann dafür, dass das Kind Situationen nicht länger als absolut und ewig, sondern als relativ und temporär, also als vergänglich einschätzen kann. Befragungen in unserem Institut von über 300 Probanden in den letzten Jahren ergaben, dass alle Ängste im Erwachsenenalter ihren Ursprung in der Zeit der frühesten Kindheit haben. Dies kann jeder Laie und erst recht jeder Psychologe bestätigen: Unfälle und Schocks, die nach dem dritten Lebensjahr in formaler Form erstmalig auftauchen, bilden keine Basis für ein unterbewusstes Verhaltensmuster. Angstmuster können nur durch die Bestätigung einer Traumatisierung (oder natürlich durch Konditionierungen und Suggestionen) geschaffen werden.
Wenn es also einem Kind gelingt, drei Jahre lang keine ernsthaften Bedrohungen zu verspüren, so behält es infolgedessen eine sehr gesunde und nahezu unerschütterliche Selbstsicherheit – meiner Ansicht nach eines der wichtigsten Erziehungsziele.
Durch die bloße Bereitschaft, Risiken in Kauf zu nehmen, verschwendet das Gehirn für die Risikokontrolle fortan keine Bewusstseins-Ressourcen mehr. Es kann manchmal ratsam sein, sich kurz seine Risiken klarzumachen. Dies geschieht mit der Frage: Was ist das Schlimmste, was mir passieren kann, wenn ich mein Ziel anstrebe? – Die Antwort lautet, wenn Sie sich die Situation ganz bewusst vergegenwärtigen: Nichts, was man tatsächlich vermeiden kann! Egal, ob Blamage, Versagen oder Verletzung – gleichgültig, was Sie tun oder

lassen, alles birgt ein Risiko. Doch wenn Sie alles vermeiden, nur damit Sie nichts Negatives erleben, dann werden Sie vermutlich auch nur selten Positives erleben. Sobald Sie erkannt haben, dass es sich nicht lohnt, auf Risiken besonders zu achten, ist der Weg frei für den Erfolg. Die Erfahrung des angstfreien Erfolgreichseins fördert die Selbstsicherheit ganz enorm.

Ein sehr schönes Beispiel gelungener „Kindbegleitung" ist der zwölfjährige Felix Finkbeiner. Er wurde mit neun Jahren im Schulunterricht durch die Aktion der afrikanischen Friedensnobelpreisträgerin Wangari Maathai, auch „Mutter der Bäume" genannt, inspiriert: Die engagierte Umweltaktivistin hat in ihrer Heimat Afrika in 30 Jahren 30 Millionen Bäume angepflanzt. Was diese engagierte Frau schaffte, nahm sich Felix zum Vorbild. Nicht nur dass sein Ziel, in Deutschland eine Million Bäume zu pflanzen, im Mai 2010 erreicht wurde – Felix Finkbeiner tourt seit Jahren im selbsternannten Auftrag für den Klimaschutz durch die ganze Welt und hält sowohl in Brüssel als auch in Amerika und China vor Umweltministern Vorträge. Er lässt sich für seine Aktion „Plant for the Planet" mit Politikern ablichten, denen er für das Foto mit der Hand den Mund zuhält – versehen mit dem Slogan: „Stop talking – start planting!", „Hört auf zu reden – pflanzt!". Frech, oder?
Gut, dass Felix' Eltern offenbar auf die Extraportion „Das macht man nicht!" verzichtet hatten. Selbstsicherheit macht erwachsen und rettet nebenbei den Planeten.

Frieden und Respekt

Eigentlich überflüssig zu sagen, dass Kinder, die ja nun mal alles abgucken, was ihnen geboten wird, friedliche Vorbilder brauchen, die respektvoll miteinander umgehen. Kinder zu ermahnen, nicht schlecht über andere zu reden, andere nicht zu beschimpfen und keine Gewalt anzuwenden, wirkt äußerst unglaubwürdig, wenn Eltern selbst Dinge äußern, wie ich sie neulich durch Zufall auf der Straße mitbekommen habe: Da sagte ein Vater im Beisein seines etwa 4-jährigen Sohnes zu seiner Frau: „Wenn ich deinen Chef zu packen kriege, drehe ich diesem Idioten den Hals um!“ Vom Sohn hörte ich dann die Frage: „Papa, krieg ich ein Eis?“, woraufhin der Vater erwiderte: „Das heißt nicht immer ‚krieg ich‘! Sach mal ‚bitte‘, sonst gibt's nichts mehr, klar!“ Auweia! Sein eigenes Verhalten zu reflektieren sollte Pflichtfach im Schulunterricht werden. Doch selbst wenn Sie als Eltern einen vorbildlich kultivierten Umgang mit Ihren Mitmenschen pflegen sollten, Gefahr durch ganz unterschwellige Beeinflussung droht Ihren gut erzogenen Kindern durch die Medien: Gewaltverherrlichende Spielfilme oder Computerspiele liefern dem Kind in jedem Fall eine Vorstellung davon, dass Gewalt eine Handlungsoption ist. Ob es dann im Anschluss davon Gebrauch macht, hängt von vielen Faktoren ab, daher kann man auch nicht pauschal sagen, dass Gewaltdarstellungen auch zu gewalttätigem Verhalten führen, so wie es in den Diskussionen für und gegen Brutalität im Fernsehen oftmals angeführt wird. Wenn Sie jedoch wissen, dass ein Kind alles lernt, wovon es sich einen Gewinn für seine Handlungsfähigkeit verspricht, und zudem noch bis zum Grundschulalter im Wertesystem leicht zu beeinflussen ist, dann werden Sie Medien gegenüber sicher etwas vorsichtiger sein. Ich spreche hier übrigens nicht nur von Filmen der Kategorie „Der Terminator“, in denen Gewalt als ganz selbstverständliches und legitimes Mittel der Konfliktlösung präsentiert und popularisiert wird (denken Sie daran, dass der Terminator-Hauptdarsteller, Schauspieler Arnold Schwarzenegger, immerhin amerikanischer Gouverneur geworden ist!). Ich meine hier im besonderen Maße die Filme, in denen Kinder eine heile Welt vermuten. Schauen Sie sich

bitte an, wie in sehr vielen Produktionen aus dem Hause „Walt Disney“ die Gesellschaft polarisiert wird: Die „Bösen“ bleiben die Bösen, die es zu läutern oder zu vernichten gilt, ohne eine Chance auf Rehabilitation. Und die „Guten“ bleiben die Guten – egal, wie viel Gewalt sie zum Durchsetzen ihrer Wertvorstellungen anwenden. Nennt man solches Gedankengut nicht „faschistoid“? Zu sehen im Kinderprogramm. Wenn sich im Fernsehen zwei Menschen innig küssen und intim berühren, flitzen die elterlichen Finger über die Fernbedienung, um das Kind vor den „Schrecken der Sexualität“ zu schützen. Aber um die Kinderchen für zwei Stunden zu beschäftigen, dürfen Sie sich in dem Disney-Streifen „101 Dalmatiner“ ansehen, wie gegen die luxuriös lebende, aber sozial vereinsamte Frau Cruella de Vil mobilgemacht wird, weil sie sich einen Mantel aus Dalmatinerfell wünscht. Hier wird ein Feindbild geschaffen, ohne die geringste Bemühung, die Ausgangslage der „Bösen“ zu hinterfragen. Es gibt in dieser Welt kein absolutes „Gut“ und „Böse“ – jedes Werturteil ist von seinem Standpunkt abhängig. Wenn ein Mensch die emotionale Ausgangslage und die Beweggründe des scheinbar „Bösen“ verstanden und nachempfunden hat, so ändert sich auch schlagartig die Sichtweise des bisherigen „Opfers“. Frieden ist möglich – durch Verstehen und Verzeihen und das daraus resultierende veränderte Verhalten der Opfer.
Auf der beiliegenden Starthilfe-CD erleben Sie, was ich damit meine. Doch natürlich gibt es auch noch ein paar Klassiker der Erziehungsziele. Die Reinlichkeit gehört dazu.

Reinlichkeitserziehung

Spätestens seit der Entdeckung der Mikroorganismen durch den niederländischen Naturforscher Antoni van Leeuwenhoek (1632 – 1723) im Jahre 1675 wissen wir, wie wichtig ein sauberer Wohn- und Lebensraum sein kann. Es ist im Sinne der Gesundheit durchaus ratsam, Keime und Erreger angemessen zu reduzieren. Die Erfindung moderner Sanitäranlagen, Toiletten und Duschen ist hier unumstritten segensreich. Doch ebenso unheilvoll ist der übertriebene Hang zur Reinlichkeit. Wird Körperhygiene mit Hochdruck erzwungen, so liegt nahe, dass das Kind auf diese Grenze reagiert – entweder offensiv (Trotz und Abwehr) oder defensiv (Waschzwang und/oder Angst vor ansteckenden Krankheiten, womit diese Menschen dann ein gefundenes Fressen für „Impfstoffverkäufer“ sind ...). Denken Sie an den verstorbenen Popstar Michael Jackson, der eine pathologische Phobie vor Keimen hatte und glaubte, sich mit Handschuhen, Sauerstoffzelt und Atemmaske schützen zu müssen. Hat ihn das vor Krankheit oder gar vor einem frühen Tod bewahrt? Nein, im Gegenteil. Ohne den frühen Erziehungsterror seines Vaters würde Michael womöglich noch leben, vermuten viele, die sich mit seiner Biografie beschäftigt haben.

Doch die überzogene Reinlichkeitserziehung (die zumeist ebenso angstmotiviert ist) kann noch ganz andere Symptome hervorrufen: Harnverhalt und Verstopfung. Das sind beides Erscheinungen, die durch Angst vor den eigenen Ausscheidungen geprägt sind. In Stress-Situationen ist die Angst derart groß, dass sogar eher ein Urinrückstau in die Nieren (Nierenreflux) riskiert wird, welcher sogar mit akutem Nierenversagen, also tödlich enden kann. Stockhiebe und Erniedrigungen übertriebener Reinlichkeitserziehung können dazu führen, dass ein Mensch lieber krank wird und daran stirbt, als sich der einschränkenden Ablehnung durch seine Eltern erneut zu stellen! Selbst dann, wenn die wahren Eltern schon seit Langem auf dem Friedhof liegen – ihre geschaffenen Angstmuster bleiben über Jahrzehnte im Kopf des Kindes lebendig.

Sexualerziehung

Mir ist ein Rätsel, warum Mutter Natur ausgerechnet unsere erogenste Zone, den Intimbereich, zum bevorzugten Bakterientummelplatz erkoren hat. Die Berührung desselben aus Hygienegründen und die Kontaktvermeidung aufgrund des sexuellen Tabus gestalten sich nämlich als recht problematische Gratwanderung. Auf Deutsch: Einerseits sollen sich Kinder gründlich den Intimbereich waschen, anderseits dürfen sie nicht beim Spielen daran herumfummeln. Was denn jetzt? Ist Anfassen erlaubt oder verboten? Bevor Sie versehentlich aus Ihrem Kind einen Sexualstraftäter machen – denn genau das kann manchmal durchaus die Folge des immensen Widerspruchs zwischen Wollen und Nicht-Dürfen sein –, steigen Sie bitte mit mir in die folgende Überlegung ein: Warum ist Sexualität tabuisiert? In meinem Buch „Liebe, Sex und Partnerschaft" habe ich im Kapitel „Warum schämen wir uns für unsere Sexualität?" sehr ausführlich dargestellt, dass das sexuelle Tabu in der heutigen Zeit nicht nur völlig unsinnig, sondern auch absolut gefährlich ist. Der eigene Genitalbereich ist tabuisierter als alles andere in unserer Lebenswelt. Das schafft einerseits ein völlig übersteigertes Bedürfnis nach Sexualität und zum anderen fördert es ein fast pathologisches Kompensationsverhalten. Menschen sind imstande, für Sex Morde zu begehen! Wozu das alles? Warum sanktionieren wir Kinder (und ganz unreflektiert im Folgenden alle anderen Menschen ebenso), wenn Sexualität außerhalb eines genau festgelegten Spielregelbereiches thematisiert wird? Meine Antwort: Das tun wir in der Hoffnung, unsere Kinder mögen erst dann sexuelles Interesse ausleben, wenn sie alt genug für eine Familie sind. Das ist alles.

Prüderie, also das Tabuisieren von Sex, war eine natürliche Verhütungsmethode, die Kinder, vor allem die Mädchen, davor schützen sollte, ihr Leben zu früh durch eine unreife Elternschaft zu belasten.

Die Erlaubnis, innerhalb der Ehe sexuellen Verkehr haben zu dürfen, sollte dieses tradierte Verbot zwar eigentlich aufheben, kommt aber psychologisch einer ideologischen Umerziehung von der Diktatur zur Demokratie von einem Tag auf den anderen gleich. Bis ins hohe Alter unterdrücken Menschen ihre eigenen sexuellen Bedürfnisse derart, dass diese durch die Nichterfüllung immer größer werden. Wäre Sexualität genauso viel oder wenig erlaubt wie Haustierhaltung, wäre der Druck minimiert und es fände ein einigermaßen verantwortungsvoller Umgang damit statt.

Apropos Haustiere: Sobald ein Mensch geschlechtsreif ist, ist er psychologisch gesehen in der Lage, im Ernstfall Verantwortung für ein anderes Lebewesen zu übernehmen. Dies allerdings auch nur, wenn der Mensch die Verantwortung erkennt und anerkennt. Woher ich das weiß? Weil Mutter Natur ganz sicher nicht einen Monat verschenkt, um bei einer Spezies Nachkommen zu ermöglichen. Wer Kinder haben kann, der kriegt auch welche. Das heißt, mit Geschlechtsreife wären Kinder in der Lage, für ein Haustier die Verantwortung zu übernehmen, vorausgesetzt, die Kinder erkennen die Verantwortung dafür an. Solange die Eltern sich in die Haltung einmischen, würde sogar einem Dummkopf klarwerden, dass er selbst nicht die alleinige Verantwortung hat (und damit quasi gar keine). Wenn Sie Ihrem Tobias also unbedingt eine Katze und Lisa ein Kaninchen schenken möchten, warten Sie, bis die Kinder keine Kinder mehr sind, und mischen Sie sich nicht allzu sehr in die Tierhaltung ein. Ansonsten landen Miezi und Hoppel bald wieder in Ihrem Aufgabenbereich,

derweil Sie Sohn und Tochter mit Vorwürfen überziehen. Wenn die Tiere dann vor Einsamkeit krank werden, wissen Sie, dass Sie den gleichen Fehler gemacht haben, den Sie Ihren Kindern vorgeworfen haben: Sie haben einfach zu kurz gedacht.
Ich habe nicht behauptet, dass Elternsein ein Kinderspiel ist. Im Gegenteil: Eltern haben eine enorme Verantwortung!

Noch einmal zurück zur Sexualität: Hier geht es natürlich nicht nur um die biologische Sexualität, also das, was man eben im Allgemeinen unter „Sex" versteht, sondern auch um die soziologische Sexualität, die Einordnung in die Geschlechterrolle. Diese ist, so glaube ich, nicht genetisch festgelegt, weil sie eben eine soziale Rolle ist, genau wie die soziale Rolle des Chefs, des großen Bruders, des Angestellten und so weiter. Das soziale Geschlecht wird *erlernt!* Und auch wenn Biologen, Mediziner, Genetiker und Eltern es nicht wahrhaben wollen: Sogar die so genannte Homosexualität ist weder eine Krankheit noch eine schicke Modeerscheinung, sondern eine erziehungsbedingte Entscheidung zu Ungunsten der eigenen Geschlechtsrolle. Da das Thema seit jeher ein enormes Konfliktpotenzial in sich trägt und die gleichgeschlechtliche sexuelle Ausrichtung für die Betroffenen in vielen Gesellschaften Ächtung und sogar Gefahr für Leib und Leben nach sich zieht, möchte ich hier in aller Deutlichkeit mit alten Glaubenssätzen aufräumen und sage: Homosexualität ist eine behebbare Angststörung, basierend auf frühkindlichen Geschlechtsrollenkonflikten. Wir Menschen sind in vielen anderen Bereichen voller ähnlicher Muster, bei denen das resultierende Verhalten kaum weiter auffällig ist, weil es sich eben auf andere Themen als auf Sexualität bezieht.

Vorsicht Falle: Geschlechterrollenerziehung

Wir hatten ja weiter oben bei der Charakterbildung bereits über die Einflüsse elterlicher Dominanz gesprochen. Ein bekannt gewordenes Beispiel für einen überhöhten maskulinen Anteil (Yang-Dominanz) ist die 24-jährige Stunt-Schauspielerin Miriam Höller. Sie war im Jahr 2010 Kandidatin in der TV-Castingshow „Germany's next Topmodel“, bei welcher Laienmannequins zu professionellen Models gecoacht werden. Miriam, obwohl äußerlich sehr feminin attraktiv, scheiterte bei Fototerminen immer wieder daran, dass sie ihre harten und verbissenen Gesichtsausdrücke und Posen nie so recht kaschieren konnte. Die Kritik der Jury war stets die gleiche: Sie sei hübsch, sportlich, talentiert, aber einfach nicht ladylike. Zu verkrampft, zu wenig weiblich. Dadurch, dass Miriam mit überwiegend männlichen Freunden und bei einem präsenten Vater aufwuchs, neigt sie heute dazu, feminine Eigenschaften eher zu verachten als zu kultivieren. Ihre Interessen sind nach eigenen Angaben unter anderem Fallschirmspringen, Tauchen, Motocross, Klettern und Snowboarden. Weshalb eine solche intrapersonale Geschlechterrollenverschiebung problematisch werden kann, das erleben Hunderte von Betroffenen, denen es einfach nicht gelingt, einen passenden Partner zu finden. Zu groß ist der Widerspruch zwischen dem, was ein Partner bei einer solchen Frau sehen kann, und dem, was er mit ihr erleben kann. Wer zu viele Yang-Anteile hat, der braucht entweder einen Mann, der extrem maskulin ist, oder eben einen, der entgegengesetzt gepolt ist – doch beides wird meist als unpassend abgelehnt. Jahrelange Einsamkeit und stetige Beziehungsbrüche sind die Folge. Miriam scheint damit vorerst Glück zu haben. In einem Interview mit der Dorstener Zeitung sagte die gebürtige Schermbeckerin: „Ich bin so, wie ich bin, ich mag dieses Küsschen hier und Küsschen da einfach nicht und klatsche lieber

Hände ab. Natürlich gehört Schminken für ein Model zum Alltag. Wenn ich jedoch mit meinem Freund telefoniere und ihm sage, ich sitze hier mit lackierten Fingernägeln und bin geschminkt, sagt er: Hauptsache, das geht alles wieder ab."[11] Da die intelligente und attraktive Miriam noch nicht einmal unter die besten zehn Topmodels kam – und immerhin geht es hier um die Chance einer millionenschweren Karriere, für die eine Frau nichts anderes zu sein braucht als eine Frau – wird deutlich, wie differenziert sich eine gestörte Identifikation mit der eigenen Geschlechterrolle auswirken kann. Miriam geht es vermutlich noch prima, aber ich habe eine ganze Reihe intelligenter, vermögender und attraktiver Kundinnen, die seit Jahren alleinstehend sind, nur weil sie für jeden Mann quasi eine „Mogelpackung" darstellen: außen weiblich, innen maskulin. Damit lockt eine Frau natürlich permanent die falschen Partner an – und bleibt folglich allein. Dass dies auf Dauer nicht nur Selbstwertstörungen, sondern auch gesundheitliche Probleme nach sich ziehen kann, habe ich in meinem Buch „Abnehmen ist leichter als Zunehmen" in dem Kapitel „Alexandra wollte Alexander sein" beschrieben.

Die Geschlechterrollenerziehung ist meines Erachtens eines der am meisten unterschätzten Störfelder unserer Zeit. Wenn ein Mannequin dadurch einen wichtigen Wettbewerb nicht gewinnt, ist das schon bedauerlich. Wenn Menschen aber tödliche Krankheiten bekommen, die eindeutig auf eine falsche Geschlechterrollenerziehung zurückgeführt werden, so ist das tragisch und geht uns alle an, denn wir reden von einem gesellschaftlichen Problemfeld. Da, bildlich gesprochen, eine Katze von einem Hund niemals gutes Miauen lernen kann, möchte ich Sie als Eltern dafür sensibilisieren zu erkennen, dass

11 www.dorstenerzeitung.de/lokales/schermbeck/Miriam-Hoeller-sehnt-sich-nach-Kilian;art4250,876014

eine Tochter von einem Vater niemals lernen kann, eine zufriedene und erfolgreiche Frau zu sein. Ebenso wenig bekommt ein Sohn von seiner Mutter die notwendige Geschlechterrollenerziehung für einen Mann vermittelt. Natürlich ist es sehr wichtig, das andere Geschlecht kennen und verstehen zu lernen, doch hierfür bedarf es vermutlich eher der Reflexion und Aufklärung als einer zu engen emotionalen Bindung. Mag sein, dass nun einige Eltern aufschreien und sagen: „Ich lasse mich doch nicht davon abhalten, eine enge Beziehung zu meinem Kind zu haben!“ Doch ich möchte diesen Eltern in aller Ernsthaftigkeit zu bedenken geben, dass es genau diese engen Bindungen sind, die für Eigenständigkeit und Unabhängigkeit des Kindes kontraproduktiv sind. Ich gehe so weit zu sagen, dass Eltern sich schnellstmöglich für ihre Kinder überflüssig machen sollten, anstatt diese in übertriebener Freundschaft dauerhaft von sich abhängig zu machen. Denn was geschieht, wenn Eltern eines Tages nicht mehr für ihre Kinder da sein können? Sollen die Kinder ihnen dann heulend ins Grab folgen? Loslassen lässt erwachsen werden.

Glaubenserziehung

Seit der Ernennung von Aygül Özkan zur niedersächsischen Sozialministerin im April 2010 entflammt in Deutschland eine längst überfällige Diskussion: Gehört der Glauben zu den Aufgaben schulischer Erziehung? Frau Özkan legte ihren Amtseid mit dem Zusatz „So wahr mir Gott helfe!“ ab, so wie viele ihrer christlichen Kollegen auch. Sie berief sich dabei auf den „einen und einzigen Gott, den Gott Abrahams, Isaaks und Jakobs“, der Christen, Juden und Moslems gemeinsam sei. Wenige Tage zuvor hatte sie sich für ein Verbot religiöser Symbole, etwa von Kruzifixen und Kopftüchern in Schulen, ausgesprochen. Bemerkenswert ist, dass die Muslimin Özkan ihre Schulzeit in einem christlichen Gymnasium verbracht und da offenbar eine Menge gelernt hat. Worauf ich hier hinauswill? Toleranz! Dieses hohe Ziel aller religiösen Erziehung entnehmen wir den heiligen Schriften sämtlicher Weltreligionen, die sinngemäß zu einem friedlichen Zusammenleben aller Menschen auffordern. In Anbetracht heftigster Konflikte an Schulen scheint es derzeit so, dass eher gegenseitiges Abgrenzen anstelle von Toleranz gefördert wird. Die Amtskirchen scheinen mit ihrer Aufgabe, gegenseitigen Respekt und Menschenliebe zu vermitteln, völlig überfordert zu sein – falls sie dazu je kompetent waren, wie nicht erst seit den Misshandlungsvorwürfen gegen den zurückgetretenen Augsburger Bischof Walter Mixa zu fragen erlaubt ist. Da der Mensch ein Glaubensbedürfnis zu haben scheint, muss folglich jemand dieses Bedürfnis erfüllen. Ich bin überzeugt davon, dass Glaubenserziehung von echten Profis vorgenommen werden sollte, damit die klugen Gedanken unserer Religionsstifter endlich einmal fruchten können. Meines Erachtens kann es der Menschheit völlig gleichgültig sein, an welchen Gott sie glaubt – Hauptsache ist, dass das friedliche und harmonische Zusammenleben in Sicherheit, Entfaltung und Toleranz dadurch gewährleistet ist. Insofern fand ich den Verweis von Frau Özkan auf den „einen Gott" recht wegweisend, wenngleich nicht ganz gesichert ist, ob dieser Ausspruch tatsächlich derart „ökumenisch" gemeint war.

Ohnehin halte ich es in Anbetracht unserer sich schnell entwickelnden Weltgesellschaft für dringend notwendig, dass sich die Religionen „updaten", also einer zeitgemäßen Anpassung unterziehen. Das Bedürfnis nach Glaubensfragen und Spiritualität ist in den letzten Jahren enorm gestiegen, geht man nach den steigenden Zahlen der entsprechenden Autoren und Buchtitel. Doch stellt sich die Frage, ob die traditionellen Lehren dem Anspruch einer reifen, reflektierten und vor allem ethnisch durchmischten Weltgemeinschaft im zweiten Jahrzehnt des 21. Jahrhunderts noch gerecht werden. Vielleicht kommen die Weltreligionen ja tatsächlich eines Tages zu einem Konsens? Sie als Eltern können Ihre Kinder darauf vorbereiten, über den religiösen Tellerrand zu schauen. Verständnis verhindert Konflikte.

Lügende Kinder – wenn die Wahrheit zum Nachteil wird

Apropos Walter Mixa: Dieser war dem Vorwurf ausgesetzt, Kinder misshandelt zu haben, hatte dies aber zunächst bestritten und dann, nach einigen Wochen medialen Dauerfeuers, zugegeben, bei Kindern einige „Watschen" (das sind Schläge mit der Hand ins Gesicht) ausgeteilt zu haben. Offenbar haben die modernen Massenmedien eine solche Macht, auf einen Menschen Druck auszuüben, dass sich sogar die Schergen im Foltergefängnis Guantánamo davon eine Scheibe abschneiden könnten, um Geständnisse zu erpressen. Dennoch bringt uns dieser Fall auf das Thema: Warum lügen Menschen? „Kindermund tut Wahrheit kund", so heißt es. Kinder können zum Leidwesen vieler zunächst gar nicht lügen. Lügen will gelernt sein. Doch „Lügen" steht weder im Erziehungshandbuch noch auf dem Lehrplan. Dennoch: „Lügen gehören zum Leben", sagt Jürgen Schmieder. Der Autor hat versucht, vierzig Tage lang auf jegliche Lügen zu verzichten, und in seinem Buch „Du sollst nicht lügen" über diesen Selbstversuch berichtet. In Anbetracht dessen, dass wir alle laut wissenschaftlichen Untersuchungen rund 200-mal am Tag die Unwahrheit sagen oder die Wahrheit verschweigen, ist das eine stramme Leistung. Paradox: Bischöfe werden genötigt, die Wahrheit zu sagen; Kinder werden bestraft, wenn sie lügen. Jürgen Schmieder hingegen bekam eine Rippenprellung verpasst, weil er *nicht* gelogen, sondern die Wahrheit gesagt hatte.
Warum also lügen Menschen? „Die Lüge ist klar definiert. Eine Lüge ist eine Aussage, von der der Sender (Lügner) weiß oder vermutet, dass sie unwahr ist, und die mit der Absicht geäußert wird, dass der oder die Empfänger sie trotzdem glauben. Dies geschieht meist, um einen Vorteil zu erlangen oder um einen Fehler oder eine verbotene Handlung zu verdecken und so Kritik oder

Strafe zu entgehen. Gelogen wird aber auch aus Höflichkeit, aus Scham, aus Angst, zum Schutz anderer Personen oder um die Pläne des Gegenübers zu vereiteln."[12] Die Lüge ist üblicherweise auf Sprache als Kommunikationsweg angewiesen. Interessant ist, dass im Islam das Lügen im Allgemeinen nicht erlaubt ist und als verwerflich betrachtet wird. Ausnahmen gibt es im Kriegsfall, bei Zwang und Gefahr, um Menschen miteinander zu versöhnen – und bei Erzählungen zwischen Ehemann und Ehefrau. Lügen, Falschaussagen und Unwahrheiten lassen sich zudem differenzieren:

- soziale Lüge: soll dem Wohl des Belogenen oder der Harmonie einer Gruppe dienen.
- Notlüge: zur Abwendung humaner oder ökonomischer Nachteile des Lügners oder einer Gruppe, vor allem um große strategische Ziele nicht zu gefährden.
- Zwecklüge: ist eine strategische Unwahrheit, mit dem Ziel, zu manipulieren.
- gemeine beziehungsweise verbrecherische Lüge: hat den eigenen Vorteil zum Zweck und nimmt den erheblichen Nachteil von Mitmenschen billigend in Kauf.
- zwanghafte, pathologische Lüge: ist meist der krankhafte Versuch, die als unerträglich empfundene Realität zu manipulieren.

Die bei Kindern zunächst noch häufigste Lüge, die Fantasie, gehört zu den sozialen Lügen und hat oftmals den Zweck, zu unterhalten und Aufmerksamkeit zu erlangen. Doch Vorsicht: Wenn ein Kind von „Geistern", „unsichtbaren

12 http://de.wikipedia.org/wiki/Luege

Freunden“ und Ähnlichem redet, wäre es absolut fahrlässig, dies einfach als Lügengeschichten abzutun und womöglich negativ zu sanktionieren. Aus nahezu allen Kulturen der Welt wird berichtet, dass Kinder sich sehr wohl imstande sehen, Kontakt zur nichtmateriellen Welt aufzunehmen und sich ebenso an ihre früheren Leben erinnern können. Nur weil wir etwas für Fantasie oder Lüge halten, muss dies – in der Realität der Kinder – noch lange nicht der Fall sein. Erst jüngst hatte ich in meiner Praxis einen Menschen, der sich als Kind von nichtmateriellen Wesen bedroht gefühlt hatte, hierdurch nachts vor Angst nicht schlafen konnte, sich schutzsuchend ins elterliche Schlafzimmer verkroch, wo er von seinen verständnislosen Eltern mit Schimpfen und Schlägen wieder ins eigene Bett vertrieben wurde. Jahrzehnte später stellte sich dann heraus, dass im selben Haus, lange vor Einzug der Familie, jemand zu Tode gekommen war, auf den die kindliche Beschreibung passte. Wenn Sie das alles für kindliche Fantasie halten, bedenken Sie, dass ein Mensch nur Angst vor etwas bekommen kann, dessen Gefährlichkeit er bereits erfassen kann. Daher vertrauen Kinder ja auch oft fremden Menschen. Hat Ihr Kind Angst, ist es entweder naiv oder ein Angsthase – oder, so sage ich, es hat einen *echten Grund* für seine Angst! Gerade wenn ein Kind sich fürchtet, sollte man es lieber ernst nehmen, denn *Angst lügt nicht*.

Zusammenfassend zum Thema „Lügen“ möchte ich Ihnen mit auf den Weg geben:

Kinder fangen erst dann an zu lügen, wenn die Wahrheit zum Nachteil wird. Wer angelogen wird, muss sich fragen, was er zur Lüge beigetragen hat.

Vermeiden lässt sich kindliches Lügen wohl nur, wenn Sie als Eltern stets und ausnahmslos bei schlechten Nachrichten möglichst gelassen und neutral bleiben. Sie sollten ohnehin besser nicht jedes kleine Fehlverhalten des Kindes sanktionieren. Erinnern Sie sich an Ihre eigene Kindheit! Haben Sie da für jede Kleinigkeit eine Strafe gebraucht? Hätte es *überhaupt* einer Strafe bedurft, um ihre eigenen Fehler zu bemerken und zu korrigieren? Ist es nicht so, dass ein jeder Mensch stets bemüht ist, alles so zu tun, wie er es zum aktuellen Zeitpunkt für richtig und vertretbar hält? Denken Sie daran, dass Kinder das vorausschauende Denken erst im Alter von fast zwei Jahrzehnten erwerben. Viele Erwachsene beherrschen dieses antizipatorische Denken bis ins hohe Alter noch nicht, bei Kindern sollte man es daher nicht voraussetzen. Stetiges Mäkeln, Meckern, Kritisieren, Bestrafen und Schlagen verbessert selten die Leistungen dauerhaft, sondern schürt nur Angst und setzt sich als Verhaltensblockade in Form eines „schlechten Gewissens“ im Unterbewusstsein fest.

„Der oberste Richter" ... und wie man ihn wieder loswird!

Der „oberste Richter", das „schlechte Gewissen", das sind unsere eigenen Eltern mitsamt deren Stellvertretern im Kopf. Wenn der „Richter" in Ihrem Kopf den Zeigefinger hebt und Sie mit seiner Kritik ausbremst, dann zwingen Sie ihn zur *Urteilsbegründung*. Wenn *Sie* jemanden kritisieren, müssen Sie schließlich auch genau begründen, warum Sie dessen Verhalten verurteilen. Niemand hat das Recht, jemandem ohne Begründung zu sagen: „Du darfst das nicht!" Denn wenn man schon jemandes Verhalten kontrollieren und einschränken möchte, dann muss man zumindest ganz genau begründen, inwiefern dies sinnvoll sein soll, sodass der Kritisierte abwägen kann, ob er den Vorschriften Folge leisten will oder nicht.

Ich persönlich sage meinem inneren Kritiker (glauben Sie bitte ja nicht, dass ich keinen habe): „*Du* darfst dich gerne einschränken und zurücknehmen, wenn *du* es für richtig hältst. *Ich* tue es nicht für dich. Schließlich muss *ich* mit den Konsequenzen meines Tuns und mit dem Gesamtergebnis meiner Entscheidungen glücklich sein. Sag mir genau, welchen nachhaltigen Vorteil *ich* davon habe, dass ich auf dich höre, und warum dieser zudem so wichtig für mich sein soll, dann überleg ich es mir vielleicht." Und schon verstummt der Kritiker im Kopf, denn er kann Sie *nur blockieren*, nicht aber erfolgreicher machen. Das schlechte Gewissen wollte Sie mit seiner Kritik immer nur davor bewahren, von Menschen kritisiert zu werden, die ohnehin keine Urteilskompetenz Ihnen gegenüber haben. Sie alle kennen das berühmte „Das macht man nicht", gesprochen von jemandem, dessen Wertesystem mit Ihrem nicht kompatibel ist. So hatte etwa das Dogma: „Man darf den Chef nicht kritisieren" bereits in den Achtzigern ausgedient. Organisationspsychologen hatten herausgefunden, dass Fragebögen zur Bewertung des Vorgesetztenverhaltens

wesentlich zur Kurskorrektur von Führungsstilen beitragen und damit Unternehmen vor dem sicheren Untergang durch Anpassungsträgheit bewahren können. Ein guter Mitarbeiter hat heute die ungeschriebene Verpflichtung, zur Qualitätssicherung der Firma konstruktive Kritik an Vorgesetzten zu üben. Die ewigen „Das-macht-man-nicht-Sager“ *gefährden* eher ihre eigenen Arbeitsplätze, anstelle sie durch Angepasstheit zu erhalten. Das schlechte Gewissen sitzt meist nicht im Chefsessel, sondern im eigenen Kopf.
Allerdings ist der Kampf gegen das eigene schlechte Gewissen ohne Hilfestellung ein sehr mühseliger – zumal die meisten Menschen, die ich getroffen habe, gar nicht auf die Idee kamen, dass nicht *man selbst*, sondern *sein Gewissen schlecht* sein könnte. Schließlich werden wir zumeist von Kindheit an darauf konditioniert, dass Fehler stets bei uns zu suchen sind. Nur aus einem schlechten Gewissen heraus beschränken, kasteien und geißeln sich Menschen leider manchmal bis aufs Äußerste. Daher glaube ich, dass für die Entwicklung eines Kindes von extremer Wichtigkeit ist, ihm ein echtes Zuhause zu bieten. Ein Zuhause, in dem wirkliche Sicherheit spürbar ist, ein Gefühl wie in einer Burg.

Familie ist eine Burg

Vorab: Mit „Familie“ meine ich die Lebensgemeinschaft, die Sie selbst als solche definieren. Ihre Eltern und Geschwister dürfen gerne dazugehören, müssen aber nicht. Familie sollte eine Gemeinschaft aus denjenigen Menschen sein, mit denen man sich seelisch verbunden fühlt und bei denen man emotional in Sicherheit ist. Familie sollten Menschen sein, für die Sie bereit sind, freiwillig mehr zu geben als für andere – Freundschaft zu Verwandten eben. Denn wenn Sie schon besondere Behandlungen zulassen und Menschen erlauben, emotionale Macht über Sie auszuüben, dann sollten diese Familienmitglieder es Ihnen auch wirklich wert sein – sonst sitzen Sie auf einem Pulverfass, das bei der nächsten Pflichtveranstaltung hochgeht.
Reden wir also von echter Familie. Wer dazu gehört, ist Mitglied in Ihrem „Club der Verbündeten“. In diesem wird mehr verziehen, mehr vertraut und mehr gestattet als anderswo sonst. Wichtige Grundregel: Bei schlechten Nachrichten wird vorschusshalber immer zuerst zum Familienmitglied gehalten. Wenn der wütende Nachbar mit dem Sohn im Schlepptau ankommt, den Hals voller Beschwerden, sollten Sie wirklich entscheiden, welcher der beiden Menschen Ihnen wichtiger ist, welches Seelenheil Ihnen mehr bedeutet: das eines fremden Cholerikers, den Sie möglicherweise ohnehin nicht leiden können, oder das Ihres eigenen Sohnes, der noch in seiner Reifephase ist und jeden Fehler, den es im Leben zu machen gibt, erst einmal kennen lernen muss. Verteidigen Sie Ihre Kinder vor den Schrecken dieser Welt, sie werden es Ihnen mit Loyalität und Anerkennung danken. Egal, wie groß der Mist ist, den Ihre Sprösslinge angerichtet haben: Kleine Kinder sind keine Verbrecher, sondern unwissend, fahrlässig, gedankenlos und egozentrisch – aber niemals böse. Natürlich muss das Kind Konsequenzen seines Tuns erkennen. Aber machen

Sie es sich dabei nicht zum Feind. Lassen Sie die Gefahr dort spürbar werden, wo sie ist: in diesem Falle beim Nachbarn. Fallen Sie Ihren Kindern nie in den Rücken, erschüttern Sie deren Selbstvertrauen und Ihr Ansehen in keiner Situation. Denken Sie hierbei bitte wieder an Ihre eigenen Eltern. Unerwartete Solidaritätsbekundungen stärken dem Nachwuchs den Rücken und helfen, die rechte Spur zu finden. Begreifen Sie, dass Sie zum Schutz Ihrer Kinder auf der Welt sind. Wenn nicht *Sie* Ihre Kinder schützen, wer dann? Kinder brauchen ein Zuhause, in dem sie sich in Sicherheit fühlen.

Dazu passend gibt es eine rührende Geschichte, die eine meiner Kundinnen zum Muttertag 2010 in mein Diskussionsforum (www.mankau-verlag.de/forum) eingestellt hat:

Der Schutzengel
Es war einmal ein Kind, das bereit war, geboren zu werden. Das Kind fragte Gott: „Sie sagen mir, dass du mich auf die Erde schicken wirst, aber wie soll ich dort leben, wo ich doch so klein und hilflos bin?“ Gott antwortete: „Von allen Engeln suche ich einen für dich aus. Dein Engel wird auf dich warten und auf dich aufpassen!“ Das Kind erkundigte sich weiter: „Aber sag, hier im Himmel brauche ich nichts zu tun als singen und lachen, um fröhlich zu sein.“ Gott sagte: „Dein Engel wird für dich singen und auch für dich lachen, jeden Tag. Und du wirst die Liebe deines Engels fühlen und sehr glücklich sein.“ Wieder fragte das Kind: „Und wie werde ich in der Lage sein, die Leute zu verstehen, wenn sie zu mir sprechen und ich die Sprache nicht kenne?“ Gott sagte: „Dein Engel wird dir die schönsten und süßesten Worte sagen, die du jemals hören wirst, und mit viel Ruhe und Geduld wird dein Engel dich lehren zu sprechen!“ „Und was werde ich tun, wenn ich mit dir reden möchte?“ Gott sagte: „Dein

Engel wird deine Hände aneinanderlegen und dich lehren zu beten!" „Ich habe gehört, dass es auf der Erde böse Menschen gibt. Wer wird mich beschützen?" Gott sagte: „Dein Engel wird dich verteidigen, auch wenn er dabei sein Leben riskiert!"

„Aber ich werde immer traurig sein, weil ich dich niemals wiedersehe!" Gott sagte: „Dein Engel wird mit dir über mich sprechen und dir den Weg zeigen, auf dem du immer wieder zu mir zurückkommen kannst. Dadurch werde ich immer in deiner Nähe sein!" In diesem Moment herrschte viel Frieden im Himmel, aber man konnte schon Stimmen von der Erde hören und das Kind fragte schnell: „Gott, bevor ich dich verlassen muss, bitte sage mir den Namen meines Engels!" „Sein Name ist nicht wichtig. Du wirst ihn einfach ‚Mama' nennen!"

Solche Geschichten sind immer schön und rührend (am Ende des Buches finden sich noch einige mehr), doch halten sie natürlich nur selten lange vor, wenn es darum geht, seine Kinder stressfrei zu begleiten. Irgendwann verdrängt der Alltag die guten Vorsätze. Nur selten kann man durch Ratschläge etwas von Dauer am Eltern-Kind-Verhältnis optimieren. Daher möchte ich einen Schritt weitergehen:

DOs and DON'Ts der Erziehung

Am Anfang sagte ich ja bereits: Dieses Buch ist kein Erziehungsratgeber. Dass meiner Ansicht nach viele der konventionellen Erziehungsratgeber zum Scheitern verurteilt sind und womöglich bei hilfesuchenden Eltern nur Frustration erzeugen, liegt daran, dass Ratschläge keine Erkenntnisse und somit keine automatischen und dauerhaften Verhaltensänderungen schaffen. Daher möchte ich lieber von der konkreten Ebene weg, hin zur Erkenntnisebene.

Nehmen wir ein Beispiel. Sie raten einem Vater: „Ein Kind hat bis zur Mitte des zweiten Lebensjahres kein entwickeltes Zeitvorstellungsvermögen. Mit Begriffen wie ‚gleich', ‚in zehn Minuten' oder ‚nachher' kann ein Kind nichts anfangen. Auf die Frage ‚Wann gehen wir zum Spielplatz?' sagen Sie ihm also nicht ‚gleich', sondern lieber: ‚Erst esse ich mein Brot zu Ende, dann rufe ich meine E-Mails ab und dann gehen wir zum Spielplatz.'"

Diese Aussagen entsprächen denen eines klassischen Erziehungsratgebers. Und Sie werden mir vermutlich zustimmen: Der Rat ist nicht einmal schlecht. Doch wird ein Vater diesen gut gemeinten Tipp auch stets umsetzen können, wenn es darauf ankommt? Was ist denn, wenn Papa sich total zusammenreißen muss, um auch immer schön daran zu denken, dass er nicht „gleich" oder „nachher" sagt – um an anderer Stelle wieder alles falsch zu machen? So viele Ratschläge, wie notwendig wären, um ein Kind konfliktfrei zu erziehen, kann sich ein Vater im Normalfall gar nicht merken – und zum anderen würde er dadurch immer weniger authentisch und glaubwürdig – oder meinen Sie, ein

Mensch kann sich dauerhaft derart verstellen, dass sein eigenes Kind dies nicht merkt?

Damit kommen wir zur ersten Regel:

1) Bleiben Sie glaubwürdig.

Verstellen Sie sich nicht und stehen Sie zu Ihren Schwächen. Tun Sie niemals so, als seien Sie unfehlbar, denn dadurch übernehmen Kinder unkritisch auch Ihre eigentlich ungewollten Verhaltensmuster. Warnen Sie Ihre Kinder lieber vor sich selbst, indem sie diese darüber informieren, wenn Sie wegen Ihres Chefs oder einer unerfreulichen Rechnung schlechte Laune haben. Dann nehmen die Kinder Ihre Fehltritte nicht mehr persönlich. Bedenken Sie, dass elterliches Verhalten nur deshalb so katastrophale Auswirkungen auf das Kind hat, weil das Kind zunächst davon ausgeht, Eltern würden immer alles absichtlich und richtig machen, wären somit der absolute Maßstab menschlichen Verhaltens. Wenn Sie zu Ihrem Sohn sagen: „Tim, bitte lass mich heute mal wirklich in Ruhe. Ich bin richtig verärgert über meinen Arbeitskollegen, weil der mich den ganzen Tag genervt hat. Und wenn du mich jetzt auch noch nervst, dann raste ich gleich aus“, dann weiß Tim, dass Sie zwar offenbar nicht belastbar sind, aber er wenigstens nicht der Grund dafür ist. Oftmals beginnen Kinder dann sogar, ihre eigenen Eltern zu trösten und aufzumuntern, was ein wirklicher Liebesbeweis ist.

2) Seien Sie konsequent.

Drohen Sie niemals mit Waffen, die Sie nicht bereit sind, auch anzuwenden. Ein Kind geht davon aus, dass Sie in jeder Hinsicht absolut überlegen sind. Es weiß nichts von Ihren Schwächen und Selbstzweifeln, von Ihren eigenen Fehlern und Konflikten. Daher wird es mit allen Mitteln einen Guerillakrieg gegen Sie führen, falls Sie ihm versehentlich den Kampf angesagt haben. Ich kenne Kinder, die sich noch im Alter von zehn Jahren selbst einkoten, die trotz hoher Intelligenz Schulversager werden oder eine kostspielige Tollpatschigkeit entwickeln. Und alles nur, um den Eltern aus Rache für erlebte Überforderung, Missverständnisse oder Ablehnung das Leben schwer zu machen (unterbewusst natürlich!). Kräftemessen geht bei einem Kind immer nach hinten los, weil es den lieben langen Tag Zeit hat, auf Ihre Schwächen zu warten. Wenn Sie also einem Kind sagen: „Anna, wenn du noch einmal ohne Helm Fahrrad fährst, dann nehme ich dein neues Fahrrad wieder weg“, dann ziehen Sie das auch durch, egal, wie sehr Anna schreit und bettelt. Sie sind selbst schuld, wenn Sie gleichermaßen impulsiv wie Ihre Tochter sind und nun nicht wissen, wie Sie Ihre Drohung wahr machen sollen. Besser ist natürlich, Sie lassen derartige Unsinnigkeiten gleich von vornherein bleiben und überlegen, ob Sie als Kind einen Helm gebraucht haben, um sicher von A nach B zu kommen. Auch Sätze wie „Wenn du das jetzt nicht isst, koche ich nie wieder für dich“ werden schon bald als glatter Schwindel entlarvt. Drohen und dann nicht einhalten entspricht der kindlichen Logik einer Lüge.

Je mehr Sie einem Kind drohen, desto deutlicher zeigen Sie ihm, wie schwach und hilflos Sie sind: Drohen schwächt Ihre Position beim Kind. Wer will schon von den Schwachen lernen? Schlagen Sie Kindern einen Handel vor und lassen Sie ihnen die Wahl. Wie beispielsweise: „Entweder du isst nun diese Mahl-

zeit oder du musst bis zur nächsten Mahlzeit warten.“ Ich sagte zu meiner Tochter im Alter von neun Jahren einmal: Dass du dich mit Weingummis satt isst und dann kein Mittagessen mehr magst, ist deine Sache. Aber iss bitte nicht meine Weingummis auf, sondern hole dir von deinem Taschengeld selbst welche und glaube nicht, dass du nachher eine Zwischenmahlzeit gekocht bekommst.“ Nach zweimaligem Magenknurren am Nachmittag lernte sie, sich selbst etwas zuzubereiten.
Bedenken Sie aber: Solange Kinder nicht begreifen, welche Konsequenz ihr Verhalten hat, können sie ohnehin nicht ernsthaft entscheiden.

3) Motivieren statt kritisieren.

Wenn Sie möchten, dass Ihr Kind fehlerfrei wird, dann bremsen Sie es nicht durch Kritik aus, sondern ermutigen Sie es weiterzumachen, wenn es etwas begonnen hat. Kinder optimieren ihr Verhalten von ganz allein, wenn sie eine gute Vorlage haben. Sagen Sie etwa nicht: „Du hast den Tisch nicht sauber abgewischt“, sondern sagen Sie lieber: „Danke, dass du den Tisch schon so schön abgeputzt hast. Schon fast wie eine ganz Große!“ Anderes Beispiel: Sagen Sie nicht „Du malst ja krakelig“ oder „Du singst schief“, sondern halten Sie das Kind zum Weitermachen an, mit Worten wie „Du malst viel schöner als beim letzten Mal“ oder: „Es ist schön, dass du gerne singst. Ich höre dir gerne zu, je besser du wirst.“ Machen Sie Ihrem Kind die eigene Entwicklung und damit die eigenen Verbesserungschancen deutlich, denn Lob motiviert.
Seitenwechsel: „Ich finde es gut, dass Sie sich als Eltern so viele Gedanken über die Erziehung Ihrer Kinder machen. Es wird sich eines Tages lohnen – je mehr Verständnis Sie entwickeln, desto glücklicher werden Ihre Kinder“ ist doch für Sie angenehmer zu hören als: „Sogar dass Sie nicht kritisieren sol-

len, muss man Ihnen sagen! Wissen Sie denn wirklich gar nichts über Erziehung?"

Spüren Sie am eigenen Leibe, dass Kritik „Launengift" ist? Also lassen Sie es bitte. Bedenken Sie: Ihre Kinder hören in dieser Gesellschaft fast ein ganzes Leben lang Kritik. Die Reaktion darauf ist in der Regel immer die gleiche: Frustration und danach Selbstwertstörungen sowie das Vermeiden des Sozialkontakts zum Kritiker. Dabei ist es so einfach, auf das Verhalten eines Menschen korrigierend zu wirken und weiterhin von ihm Vertrauen und Zustimmung zu bekommen. Mit Ermutigung statt Kritik werden Sie für Ihre Kinder in dieser Welt fast einzigartig!

4) Geben Sie Vorschussvertrauen.

Kinder sind nicht böse, gemein, egoistisch und hinterhältig. Kinder sind unreif, egozentrisch, hilflos und ungeübt. Wenn ein Kind etwas kaputt macht oder jemandem etwas wegnimmt, etwas Ungehöriges sagt oder tut, so hat das immer einen nachvollziehbaren Grund, den man im Kontext des jeweiligen Reifehorizontes des Kindes berücksichtigen sollte. Ein Großteil aller psychischen Auffälligkeiten wie Schüchternheit, Besserwisserei, übersteigertes Schuldzuweisen, Misstrauen und mangelnde Kritiktoleranz hat ihren Ursprung in ungerechtfertigten Urteilen im Kindesalter. Je mehr Sie einem Kind zutrauen, dass es, genau wie Sie, sich einfach nur konfliktfrei und in Frieden entfalten will, desto unangetasteter bleibt das Selbstvertrauen Ihres Kindes. Oftmals stecken hinter den scheinbar „bösen Taten" eines Kindes nämlich ehrenvolle Absichten, denen es an Reife und Erfahrung mangelt. Kinder müssen über nahezu zwei Jahrzehnte lang ihre Empathie entwickeln. Es dauert also fast „ewig", bis ein Mensch die Gefühle und Bedürfnisse des anderen wirklich be-

greift. Ein Kind weiß nicht, dass Sie auch Schwächen haben, es weiß nicht, dass ein Hamster nicht ständig geweckt und eine Katze nicht am Schwanz gezogen werden will. Woher soll ein Kind wissen, dass Papa nach Feierabend für zwanzig Minuten seine Ruhe braucht und Mutter keine kochende Putzfrau ist? Vertrauen Sie Kindern, denn sobald die etwas begreifen, optimieren sie ihr eigenes Verhalten nahezu automatisch. Gerade Vertrauen halte ich für eines der wichtigsten Elemente in einer persönlichen sozialen Beziehung wie etwa dem Eltern-Kind-Verhältnis oder aber auch einer Partnerschaft. Vertrauen bedeutet: Man signalisiert dem anderen, dass man ihn nicht verändern will, ihn in seiner Persönlichkeit ernst nimmt, ihm integres Handeln zugesteht und ihm gegenüber keine Vorbehalte hat. Vertrauen oder auch Bejahung ist eine „Währung", mit der Sie fast alles bezahlen können, wenn der Empfänger diese für wertvoll erachtet. Für Bejahung, Vertrauen, Akzeptanz tun Menschen wirklich fast alles! Mehr als für Geld, welches nur ein Symbol für echte Wertschätzung ist und auch nur begrenzt ideelle Werte und Leistungen bezahlen kann. Liebe, Lob und Wertschätzung gibt es nicht für Geld.
Probieren Sie es beim Partner, bei Familienangehörigen oder Freunden aus: einfach mal vorschusshalber vertrauen und nicht opponieren, nicht widersprechen oder Vorbehalte äußern, und Sie bekommen genau das wieder zurück: Bejahung und dankbare Akzeptanz.

5) Üben Sie sich in Gelassenheit.

Halten Sie es ruhig einmal aus, wenn Ihr Kind etwas ausprobiert. Schützen Sie es vor echten Gefahren, aber projizieren Sie nicht Ihre eigene Angst auf Ihre Kinder. Die Menschheit hat es fünf Millionen Jahre lang geschafft zu überleben. Daher empfehle ich:

Einfach mal cool bleiben

Im Internet kursiert seit Jahren auf vielen Seiten ein Text, den Sie vielleicht auch schon einmal, eingebettet in eine schöne Präsentation, unaufgefordert per E-Mail erhalten haben. Leider ist es mir nicht gelungen, den ursprünglichen Autor ausfindig zu machen, doch der Text macht auf eine humorvolle und angenehm ironische Art derart nachdenklich, dass ich ihn hier gern zitieren möchte. Es geht darum, sich einmal klarzumachen, dass frühere Generationen womöglich etwas eigenverantwortlicher und risikobereiter aufgewachsen sind. Lesen Sie selbst:

„Wenn du als Kind in den 50er, 60er oder 70er Jahren lebtest, ist es zurückblickend kaum zu glauben, dass wir so lange überleben konnten. Als Kinder saßen wir in Autos ohne Sicherheitsgurte und ohne Airbags. Unsere Bettchen waren angemalt in strahlenden Farben voller Blei und Cadmium. Die Fläschchen aus der Apotheke konnten wir ohne Schwierigkeiten öffnen, genauso wie die Flasche mit Bleichmittel. Türen und Schränke waren eine ständige Bedrohung für unsere Fingerchen. Auf dem Fahrrad trugen wir niemals einen Helm. Wir tranken Wasser aus Wasserhähnen und nicht aus Flaschen. Wir bauten Wagen aus Seifenkisten und entdeckten während der ersten Fahrt den Hang hinunter, dass wir die Bremsen vergessen hatten. Damit kamen wir nach einigen Unfällen klar. Wir verließen morgens das Haus zum Spielen. Wir blieben den ganzen Tag weg und mussten erst nach Hause, wenn die Straßenlaternen angingen. Niemand wusste, wo wir waren, und wir hatten nicht einmal ein Handy dabei! Wir hatten uns geschnitten, brachen uns Knochen und Zähne, und niemand wurde verklagt. Es waren Unfälle. Niemand hatte Schuld, außer uns selbst. Keiner fragte nach „Aufsichtspflicht". Kannst du dich noch an

Unfälle erinnern? Wir kämpften und schlugen einander manchmal grün und blau. Damit mussten wir leben, denn es interessierte die Erwachsenen nicht. Wir aßen Kekse, Brot mit dick Butter, tranken viel und wurden nicht dick. Wir tranken mit unseren Freunden aus einer Flasche und niemand starb an den Folgen.
Wir hatten nicht: Playstation, Nintendo 64, X-Box, Videospiele, 64 TV-Kanäle, Videofilme, Surround-Sound, eigene Fernseher, Computer, Internet-Chat-Rooms.
Wir hatten Freunde!
Wir gingen einfach raus und trafen sie auf der Straße. Oder wir marschierten einfach zu deren Heim und klingelten. Manchmal brauchten wir gar nicht zu klingeln und gingen einfach hinein. Ohne Termin und ohne Wissen unserer gegenseitigen Eltern, keiner brachte uns und holte uns ...
Wie war das nur möglich?
Wir dachten uns Spiele aus mit Holzstöcken und Tennisbällen. Außerdem aßen wir Würmer. Und die Prophezeiungen trafen nicht ein: Die Würmer lebten nicht in unserem Magen für immer weiter, und mit den Stöcken stachen wir nicht besonders vielen die Augen aus.
Beim Straßenfußball durfte nur mitmachen, wer gut war. Wer nicht gut war, musste lernen, mit Enttäuschungen klarzukommen.
Manche Schüler waren nicht so schlau wie andere. Sie rasselten durch Prüfungen und wiederholten Klassen. Das führte nicht zu emotionalen Elternabenden oder gar zur Änderung der Leistungsbewertung.
Unsere Taten hatten manchmal Konsequenzen. Das war klar, und keiner konnte sich verstecken. Wenn einer von uns gegen das Gesetz verstoßen hat, war klar, dass die Eltern ihn nicht aus dem Schlamassel heraushauen. Im Gegenteil: Sie waren der gleichen Meinung wie die Polizei! So etwas!

Unsere Generation hat eine Fülle von innovativen Problemlösern und Erfindern mit Risikobereitschaft hervorgebracht. Wir hatten Freiheit, Misserfolg, Erfolg und Verantwortung. Mit alledem wussten wir umzugehen.
Und du gehörst auch dazu.
Herzlichen Glückwunsch!"

So weit der erfrischend anregende Text, den ich natürlich nicht als Dogma missverstanden wissen möchte. Sicherlich hat sich die Welt seit den 1970er Jahren extrem verändert – keine Frage! Es gibt Gefahren und Herausforderungen, die damals in dieser Form noch nicht existierten. Ich rate definitiv nicht zum Leichtsinn oder zur Fahrlässigkeit. Doch die Botschaft, die wir dem Text entnehmen können, lautet: Aufregung, Kontrolle und Hypersensibilität lösen Probleme auch nicht besser als eine gesunde und vertrauensvolle Gelassenheit.
Das ist es, was ich mit „stressfrei begleiten" im Buchtitel meine: Sie führen, lenken, nötigen Ihr Kind nicht, sondern begleiten es lediglich. Dabei stressen Sie sich nicht und somit auch nicht Ihr Kind. Es gibt natürlich auch viele Dinge, bei denen durchaus Ihr weiser Rat gefragt ist, weil ein Kind nicht das Wissen haben kann, das es im Alltag benötigt. Doch man kann es auch völlig übertreiben, wie die massive Verunsicherung durch die moderne Gesundheitserziehung heutzutage zeigt.

Gesundheitserziehung

Prinzipiell glaube ich, dass die Gesundheit etwas ist, um das sich kein Lebewesen bewusst und aktiv kümmern muss, denn der Körper versucht stets, sich selbst zu regenerieren. Natürlich ist es sinnvoll, über potenzielle Gesundheitsgefahren Bescheid zu wissen.

Doch zu genau diesen gehören manchmal sogar elterliche Ratschläge, wie das nächste Kapitel zeigt. Meine grundsätzliche Haltung zur Gesundheitserziehung ist: Gerade in diesem Bereich wird von großen Industriezweigen sehr viel Angstmacherei betrieben – manche Branchen sind sogar darauf angewiesen, dass Sie sich als krank empfinden, um Ihnen etwas zum Gesundwerden verkaufen zu können. Die Weltgesundheitsorganisation (dieser Name ist übrigens blanker Spott, wenn man weiß, dass diese hauptsächlich aus Pharmaindustrie-Geldern finanziert wird!) definierte im Jahre 1986 Gesundheit als „Zustand des vollständigen körperlichen, geistigen und sozialen Wohlbefindens" – also ein seltener Zustand, wie schon der englische Philosoph, Journalist und Essayist Aldous Leonard Huxley (1894 – 1963) seinerzeit etwas zynisch anmerkte: „Die medizinische Forschung hat so viele Fortschritte gemacht, dass es praktisch überhaupt keinen gesunden Menschen mehr gibt."

„Ziel erreicht", sage ich da nur. Sieben Milliarden potenzielle Kunden – ein gigantischer Markt.

Schauen wir uns gleich einmal ein klassisches Beispiel für Gesundheitseinmischung an:

Erkältung – Aberglaube aus der Kindheit

In meinem Buch „Heilen ohne Medikamente" habe ich eingehend beschrieben, warum eine Erkältung keine medikamentös zu behandelnde Krankheit ist, sondern die Folge einer Konditionierung. Die wichtigsten Fakten fasse ich hier noch einmal zusammen, denn Eltern „erziehen" leider geradewegs zur Erkältung: Eine Erkältung ist im strengen medizinischen Sinne ein grippaler Infekt. Für eine Grippeinfektion braucht man ein Grippevirus. Entweder muss man sich mit einer Virusart infizieren, den die eigene Abwehr entweder noch nicht kennt, oder dem Virus wird im Körper keine nennenswerte Abwehr geboten, sodass es sich hier ungebremst vermehren kann.

Beides führt unweigerlich zu der Erkrankung, die wir „Grippe" nennen. Diese hat Begleitsymptome wie Kopfschmerzen, Halsschmerzen, Appetitlosigkeit, Antriebsschwäche und vor allem: Fieber.
Was viele nicht wissen: Eine Erkältung ist meist harmlos, doch eine Grippe kann tödlich sein. Im Jahr 1918 tötete eine weltweite Epidemie zwanzig Millionen Menschen – doppelt so viele, wie im Ersten Weltkrieg starben.

Grippe-Viren werden nur durch Tröpfcheninfektion übertragen. Durch Husten oder Niesen eines Kranken werden sie in die Luft gewirbelt und können von anderen Personen eingeatmet werden. In den Atemwegen stoßen sie auf eine zähe Schleimschicht, welche die Schleimhaut-Zellen umgibt. So genannte Becherzellen produzieren den Schleim, der durch die Flimmerhaare der Zellen ständig in Richtung Rachen bewegt wird. Schmutzpartikel, Bakterien und auch Viren werden so stetig samt Schleim von der Lunge wegbefördert.

Grippe-Viren haben eine Strategie entwickelt, um die Schleimhaut zu durchdringen. Sie tragen auf ihrer Oberfläche einen Stoff, der den Schleim auflöst und somit den Weg zu den Zellen frei macht.
Das Virus zwingt die befallene Zelle, neue Viren zu bauen, die dann andere Zellen befallen. Von der Virenproduktion erschöpfte Zellen gehen langsam zugrunde.

Zellen der Immunabwehr, so genannte Fresszellen, gelangen aus dem Blut an den Ort der Infektion, um abgestorbene Zellen zu beseitigen. Die Schleimhaut entzündet sich. Bruchstücke der Virus-Hülle wirken im Körper wie Botenstoffe. Sie wandern mit dem Blut ins Gehirn. Das Gehirn löst daraufhin das Fieber aus. Meist tritt das Fieber ein bis drei Tage nach der Ansteckung auf. Die Becherzellen steigern die Schleimproduktion, um die Viren auszuschwemmen. Gleichzeitig sind aber im Flimmerhärchen-Teppich durch die abgestorbenen Zellen große Lücken entstanden. Der Schleim kann nicht mehr transportiert werden. Er verklumpt und verengt die Atemwege. Das löst dann meist am dritten oder vierten Tag nach der Ansteckung den Hustenreiz aus.

Und jetzt kommt's: Das temporäre Auftreten von Kälte kann unsere Immunabwehr überhaupt nicht derart schwächen, dass Erreger sich plötzlich ungehindert vermehren können. Denn sonst würden wir ebenso alle anderen Krankheiten bekommen, mit deren Erregern wir in Kontakt getreten sind, etwa wenn wir ältere Geldscheine anfassen oder in einen Kühlschrank greifen. Bei HIV-Patienten mit Vollbild AIDS ist das nämlich anders: Die müssen sehr wohl aufpassen, dass sie sich nicht aus den für Gesunde belanglosesten Quellen eine Lungenentzündung oder Hepatitis holen.

Kälte an sich macht nicht krank, denn sonst wären die nordischen Völker längst ausgestorben. Auch barfuß laufen macht nicht zwangsläufig krank – fragen Sie einmal einen unserer afrikanischen oder indischen Mitmenschen, ob dieser ständig verschnupft ist, nur weil er barfuß läuft.

In unserer Kindheit war dieser Zusammenhang aber tatsächlich gegeben. Immer wenn wir gefroren haben, war unsere ohnehin noch nicht besonders stabile Abwehr geschwächt und ein Erreger konnte uns nach kurzer Zeit lahmlegen. Hier hat auch die Verknüpfung „Kälte macht krank" ihren Ursprung.
Die in der Kindheit oft gehörte Suggestion „Zieh dich warm an, sonst erkältest du dich" *sorgt überhaupt erst* für unseren Schnupfen.
Deshalb haben wir im Regelfall diese Krankheitserscheinung nicht erst drei Tage nach dem Frieren, sondern einen Tag später und dabei obendrein auch kein Fieber. Unser Körper produziert aufgrund einer Autosuggestion einfach nur ein paar Symptome. Wenn es uns hingegen prima geht, sind wir gegen eine bloße Erkältung immun.

Eine Erkältung basiert also auf einer falschen Schlussfolgerung.

Letztlich bedeutet das: Wer gegen die Ursache einer Erkältung Medikamente nimmt, bekämpft seine Symptome lediglich mittels des Placebo-Effekts. Er bräuchte folglich gar keine Medikamente, sondern lediglich *das Gefühl, dass ihm geholfen wird*.
Nehmen Sie also bitte bei einer fieberlosen und einsuggerierten Erkältung nichts ein, was teuer ist oder Nebenwirkungen auslöst – es lohnt nicht, denn es sind Ihre eigenen Neurotransmitter, hervorgerufen durch Gedanken, mit

denen Sie Erkältungsbeschwerden erzeugt haben und mit denen Sie auch wieder symptomfrei werden.
Und das geht bei anderen scheinbaren Krankheiten ebenso gut.

Ich erinnere mich an den 50-jährigen Oskar, der sich immer vor seinem Sommerurlaub eine Erkältung zuzog – egal, wie das Wetter oder sein Allgemeinzustand vorher war. Durch diese Erkältung gerieten seine Reisepläne grundsätzlich in Gefahr, und nur durch ein extremes „Genesungsprogramm“ mit Bettruhe, Schwitzen und Grippe-Medikamenten kam er wieder auf die Beine. Ein merkwürdiger Fall mit einer einfachen Ursache: Im Grundschulalter hatte der Junge zur Osterferienzeit den beginnenden Frühling erlebt. Wenn nach einem langen Winter die ersehnte Sonne die Temperaturen ansteigen lässt, empfinden viele Kinder das bereits als „Sommer“. Tatsächlich war es aber noch recht kalt. Oskar verbrachte, nur in Shorts bekleidet, einen halben Tag im Garten und erkältete sich. Von seiner überfürsorglichen Mutter hagelte es Schelte: „Eine Schwalbe macht noch keinen Sommer! Nur weil die Sonne scheint, ist es noch nicht warm genug, um ohne Hemd herumzulaufen!“ und Ähnliches bekam der Junge zu hören. Ferien, Sonne, freier Oberkörper und Schuldgefühle bildeten die Elemente der Konditionierung, die seine Erkältungssymptome hervorriefen!

Belohnen Sie Ihre Kinder nicht fürs Kranksein

Doch genauso schlimm wie konditionierte Symptome sind Eltern, die ihren Kindern im Krankheitsfall regelmäßig plötzlich deutlich mehr Aufmerksamkeit schenken, als diese je zuvor kannten. Sie erinnern sich: Kinder lernen am besten durch starke Emotionen. Diese erlernten „Programme" verstärken sich durch Wiederholung. Bei vielen erwachsenen Fällen chronischer Erkrankungen oder auch bei Hypochondrie zeigt sich ein hoher „Krankheitsgewinn" durch erhöhte Aufmerksamkeit für den Patienten. Einige unserer Kunden reagieren sogar zunächst mit Wut, wenn unsere Coaches ihnen erklären, dass wir sie nicht trösten, sondern ihnen helfen. „Hilfe? Nein, dann interessiert sich ja keiner mehr für mich. Schließlich bekomme ich dann ja weder Rücksichtnahme noch Aufmerksamkeit", so die stille Befürchtung der Patienten, die schon so manchem Therapeuten ein jahrelanges sicheres Einkommen beschert hat.

Gehen Sie mit den Krankheiten Ihrer Kinder genauso um, wie Sie es bislang mit deren schlechten Schulnoten zu tun pflegen: Sie sollten zur Besserung motivieren und nicht mit Mitleid und viel Trost dazu animieren, weiterhin schlechte Noten zu schreiben. Das meine ich ernst, wobei ich zu bedenken geben möchte, dass Sie wegen der Schulnoten generell nicht so viel Aufregung veranstalten sollten (dazu später mehr).

Wenn ein Kind krank ist, wird es entweder wieder gesund oder es braucht Hilfe. Tappen Sie nicht in die Projektionsfalle: Geben Sie dem Kind nicht das, was *Sie* gerne hätten, sonst bekommt es *Ihre* Probleme. Geben Sie dem Kind das, was es wirklich braucht – und das ist vor allem kein Grund zur Sorge. Wenn ein Kind tatsächlich stressbedingt eine Auszeit benötigt und ständig krank wird, dann geben Sie ihm diese Auszeit, sonst verstärkt es seine Symptome so lange, bis Sie gar nicht mehr anders können, als es ins Krankenhaus zu stecken. Schauen Sie also immer genau hin: Ist Ihr Kind krank oder ist es unglücklich beziehungsweise überfordert? Beide Fälle erfordern völlig unterschiedliche Maßnahmen.

Essen, Naschen und Rauchen

Zur Gesundheitserziehung gehört natürlich auch das Thema Ernährung und Genussmittel. Ich empfehle aufgrund meiner Erfahrung mit Tausenden von Menschen: Halten Sie sich – so weit es geht – aus der Diskussion um gesunde Ernährung heraus! Außer echten Giften gibt es keine schlechten Nahrungsmittel! Das, was man heutzutage in den Restaurants und Supermärkten bekommt, ist Nahrung für Homo sapiens. Je mehr ein Mensch davon ausgeht, diese Nahrung sei schlecht, desto größer ist die Gefahr der ernährungsbedingten Schädigung. Lassen Sie sich nicht von einem Arzt, Diätberater, Verkäufer von Nahrungsmittelergänzungsprodukten oder Ernährungsberater Angst machen! Angst ist nicht gut für Ihren Körper. In meinem Buch „Abnehmen ist leichter als zunehmen“ beschrieb ich das traurige Beispiel des amerikanischen Regisseurs Morgan Spurlock, Macher des Kinofilms „Super Size Me“. In diesem Film dokumentiert Spurlock einen Selbstversuch, in welchem er sich 30 Tage lang nur von McDonald's-Essen ernähren wollte. Er wollte für die Dauer des Experiments jedes Gericht mindestens einmal bestellen, alles aufessen, und wenn er an der Kasse gefragt wurde: „Do you want to super size your order?“ („Wollen Sie die große Portion Ihrer Bestellung?“), wollte er die Riesenportion bestellen und essen. Also: zusätzlich zum Burger über ein Pfund Pommes frites und ein Zwei-Liter-Getränk.

Der Film zeigt, wie sehr Spurlock's Gesundheit in den 30 Tagen angegriffen wurde, wie seine Cholesterinwerte immer höher stiegen und seine Potenz immer schwächer wurde, wie er psychisch und körperlich litt und wie er in vier Wochen zwölf Kilo zunahm. Spurlock brach das Experiment auf dringendes Anraten seines Arztes ab, der ihm pathologische Nieren- und Leberwerte bescheinigte. Aber: Hat *das Essen* Spurlock nun krank gemacht, oder war es

eher seine wohl bekannte *negative Einstellung* gegenüber Fastfood, die ihn fast umgebracht hätte? Ich persönlich kenne einige Menschen, mich eingeschlossen, die demnach schon halbtot sein müssten, wenn vom Arzt verbotene Nahrung krank machen würde.
Früher, als die Kirche noch zu einer gewissen Stabilität im Leben beitragen konnte, haben Menschen ihre Mahlzeiten vor dem Essen gesegnet. Das ist meiner Ansicht nach eine gute Idee! Speisen, die man nicht für segensreich hält, bekommen einem nicht, so zeigt uns Spurlock. Wissenschaftlich nachgewiesen hat das übrigens der japanische Naturforscher Masaru Emoto mit einem einfachen Versuch, den zuhause jeder nachmachen kann: Emoto teilte eine Portion gekochten Reis auf zwei identische Gläser mit Schraubverschluss auf. Das erste Glas bedachte der Forscher mit förderlichen Informationen, das zweite mit herabwürdigenden. Nach zwei Wochen zeigte sich, dass der Reis in dem ersten Glas noch genießbar war, derweil der Inhalt des zweiten Glases bereits verfaulte.

Die Menge der Mahlzeiten ist übrigens in Bezug auf Gesundheit oder Gewicht wirklich zu vernachlässigen. Die von Menschen in den Zivilisationen benötigte Nahrungsmittelmenge ist um ein Vielfaches geringer als in der freien Wildbahn. Da es dort aber nur selten täglich üppige Mahlzeiten gibt, können Sie davon ausgehen, dass das, was wir essen, ohnehin für unseren Körper überflüssiger Luxus und daher auch fast gleichgültig ist. Sie können sich darauf verlassen, dass ein Kind für seine Gesundheit ungünstige Nahrung lieber weglässt, als sie in Massen zu konsumieren. Kinder essen längst nicht alles, was man ihnen vorsetzt, weil sie unbewusst auf Nummer Sicher gehen. Erwachsene interpretieren es oft falsch, wenn ein Kind kein Gemüse isst oder sich ziert, Wurst oder Käse mit dem durch Lagerung leicht angetrockneten Rand zu essen. Eltern verzweifeln dann und befürchten, ihr Kind könne zu einem verwöhnten Verschwender werden – dabei passen Kinder einfach nur intuitiv auf sich auf, solange sie nicht genug Wissen und Erfahrung über Nahrungsmittel haben.

Wenn Sie ein Kind zum Essen nötigen, begehen Sie einen groben Fehler. Kinder wissen intuitiv, wann sie etwas Kräftiges, Salziges, Süßes oder Frisches brauchen. Haben sie keinen Appetit, brauchen sie auch nichts. Je mehr Sie ein Kind mit Nahrung bevormunden, desto weniger mag das Kind diese Speise. Denken Sie dabei an den Terror, den Heerscharen von Eltern mit Spinat machten, nur weil clevere Marketingstrategen den Müttern durch ein „Versehen mit einer falschen Kommastelle“ einredeten, in Spinat sei unglaublich viel Eisen und das sei wiederum unglaublich wichtig für das Kind. Das Ergebnis: Millionen von Menschen hassen dieses Gemüse – weil der Geschmack von Spinat in der Kindheit als negativ in der Erinnerung geblieben ist. Ich finde es nicht schlimm, wenn Menschen (also auch Kinder) ihren Energiebedarf über Kohlenhydrate decken. Wenn ein Kind vor lauter Weingummi keine Lust mehr auf Kartoffeln und Schnitzel hat, dann eben nicht. Warum ein Mensch davon nicht dick werden kann, habe ich in meinem Buch „Abnehmen ist leichter als Zunehmen“ ausführlich beschrieben.
Bislang ist meines Wissens noch kein Kind am gedeckten Tisch an Mangelerscheinungen zugrunde gegangen. Unter dem Strich, so denke ich, ist es ratsam, das zu essen, von dem man selbst überzeugt ist, dass es für den Körper nicht schädlich, oder besser noch, förderlich ist. Verbieten Sie Ihrem Kind nicht, was Sie selbst gerne hätten und sich verbieten. Das ist bigott und fliegt eines Tages als Lüge auf.

Das Gleiche gilt für Genussmittel. Je mehr Sie einem Kind Schokolade, Alkohol und Zigaretten verbieten, desto interessanter wird das Zeug doch für die Kids. Einigen von Ihnen dürfte bereits meine These bekannt sein, dass ich Rauchen nicht für eine Sucht halte, sondern für eine autogene Konditionierung, also für ein selbsterzeugtes, angelerntes Verhalten. In meinem Buch „Nikotinsucht – der große Irrtum" skizziere ich, dass es nur das Verbot ist, weshalb ein Raucher chronisch raucht. Hierdurch wird Rauchen zum erlernten Mündigkeitssymbol. Wann immer sich ein Raucher bevormundet fühlt, bekommt er das Verlangen nach einer Zigarette, weil er gelernt hat, dass Erwachsene rauchen und dabei eine kurze Pause machen. Rauchen, Mündigkeit und Pause werden damit verknüpft.
Eine Konditionierung, durch die ab 2020 schätzungsweise etwa 10 Millionen Menschen weltweit jährlich sterben – mehr Menschen als (durchschnittlich pro Jahr) im Zweiten Weltkrieg.
Machen Sie doch einmal in Gedanken ein Experiment: Verbieten Sie einem Kind konsequent Cola und schlürfen Sie ihm selbst jahrelang genüsslich diese braune Brause vor. Was glauben Sie wohl, was passiert? Es wird sich, sobald es dazu in der Lage ist, heimlich Cola besorgen.

Ihr Kind wird von ganz allein reifen, sich weiterentwickeln und erwachsen. Hat man Ihnen damals Cola verboten? War das sinnvoll? Haben Sie Ihren Schulabschluss dadurch verpasst, dass Sie einmal eine halbe Nacht lang schlecht geschlafen haben? Wann haben Sie Ihre erste Tasse Kaffee getrunken? Sind Sie davon automatisch süchtig geworden? Ich glaube nicht!

Also noch einmal: Lassen Sie sich nicht einreden, bestimmte Dinge seien verboten – sonst machen Sie Ihre Kinder versehentlich genau darauf heiß und quälen es durch das Verbot.

Tipp zum Abnehmen:

Es sind über zehn verschiedene Neurotransmitter, vor allem das Anti-Stress-Hormon Cortisol und der Verdauungshelfer Insulin, welche Wasser mit Kohlenstoff zu Fett umbauen.
Klartext: Wer viel Stress hat und sich mittels Essen beruhigt, nimmt zu. Wer ein schlechtes Gewissen wegen seiner Mahlzeiten hat, nimmt ebenso zu.
Wer sich ERST beruhigt und DANN isst, nimmt ab. Wer ESSEN als nicht beruhigend empfindet, nimmt ebenfalls ab.
So funktioniert jede Diät: Man isst nicht, weil es so schön ist (mit den empfohlenen Speisen verbindet man meist keine emotional besetzte Symbolik), sondern weil man abnehmen möchte, und man schämt sich nicht nach dem Essen, sondern ist stolz auf die Einhaltung des Diätplans. Kein Cortisol – kein Fett.
Es ist die positive Symbolbedeutung von Essen und der fehlende emotionale Ausgleich, der einen Menschen zunehmen lässt.

Mehr dazu in meinem Arbeitsbuch zum Abnehmen (erscheint 2011 im Mankau Verlag).

Finanz- und Erfolgserziehung

Haben Sie diese Worte schon einmal gehört? Finanzerziehung, Erfolgserziehung? Nein? Einige der Internet-Suchmaschinen auch nicht. Dennoch halte ich die beiden Themen für immens wichtig. Ist es nicht so, dass Kinder immer wieder gesagt bekommen: „Streng dich in der Schule ordentlich an, damit du einen guten Beruf bekommst, dann wirst du auch viel Geld verdienen“? Dass dieser Satz nicht nur schlichtweg falsch ist, zeigen die Millionen von Arbeitslosen, die nicht alle über eine schlechte Schulbildung verfügen; dieser Satz ist auch gefährlich. Er fördert das Abhängigkeitsdenken, indem er finanziellen Wohlstand mit Anstrengung in Verbindung bringt – ein falscher, möglicherweise fataler Glaubenssatz! In meinem Erfolgscoaching-Ratgeber „Zielen – loslassen – erreichen!“ führe ich an, dass nicht Anstrengung, Disziplin und harte Arbeit zu Wohlstand und Erfolg führen, sondern Begeisterung und Marketing.

Und obwohl sich eigentlich jeder ausrechnen kann, dass bei einem durchschnittlichen Jahreseinkommen eines vollzeitbeschäftigten Arbeitnehmers von 41.400 Euro brutto (Jahr 2010) und monatlichen Lebenshaltungskosten von rund 1.200 Euro ein solcher nie im Leben Millionär werden kann, tun wir immer so, als würden sich Sparen und hartes Arbeiten auszahlen.

Ich hörte noch vor wenigen Tagen eine Zehnjährige sagen: „Ich will nicht wie mein Papa den ganzen Tag arbeiten und trotzdem kein Geld haben. Ich will lieber machen, was mir Spaß macht, und damit reich werden!“ Damit hat das Mädchen in perfekter Weise zusammengefasst, was viele Millionäre als Erfolgsrezept weitergeben. Nicht, dass ich es für ein erstrebenswertes Erziehungsziel halte, Millionär zu werden – nein, darum geht es nicht. Doch einen subjektiv empfundenen Wohlstand, welcher viele andere Probleme gar nicht erst entstehen lässt, sollten Sie Ihren Kindern nicht versehentlich verbauen.

Und wieder halte ich Ihnen einen Spiegel vor die Nase: Könnte ein Kind von Ihnen lernen, wie man seine Talente so nutzt, dass man in angenehmer Weise zu Wohlstand kommt *und sich auch vermögend fühlt*?

Wie man ein Kind in die Geheimisse des Geldvermehrens einweiht, hat der hawaiianische Schriftsteller und Millionär Robert T. Kiyosaki in seinem Bestseller „Rich Dad, Poor Dad" autobiografisch beschrieben. „Nicht für Geld arbeiten, sondern das Geld für sich arbeiten zu lassen" ist seine Empfehlung. Da dieser Weg vielen von uns zu amerikanisch anmuten mag und in Zeiten der finanziellen Unsicherheiten etwas zu einseitig erscheint, möchte ich Ihnen meine Version dieses Satzes liefern: „Nicht für Geld arbeiten, sondern das Geld als Investition in seinen eigenen Wert für sich nutzen" lautet meine Empfehlung. Das wiederum können Sie sogar schon mit Viertklässlern einüben. Die Möglichkeiten, sich geschickt etwas Geld dazuzuverdienen, bieten sich auch für Kinder. So etwa mit einem Flohmarktstand vor der Haustür, Internetauktionen mit elterlicher Hilfe, kleinen bezahlten Gefälligkeitsdiensten wie Laubfegen, Schneeschippen, Autowaschen, Gassigehen mit Nachbars Hund und vieles mehr. Dieses Geld (unabhängig von regelmäßig ausgezahltem Taschengeld!) kann das Kind verwenden, um seine Geschäfte zu erweitern. Nicht selten schaffen Kinder es sogar, „Angestellte" zu bezahlen. Ich kenne einen Jungen, der für herbstliches Laubfegen eine Zeitlang zwei Euro pro Auftrag kassiert hat und davon einen Euro an jedes Kind abgegeben hat, das ihm dabei geholfen hat. Ein Mitschüler von mir in der Oberstufe verdiente sich eine Zeitlang etwas Geld, indem er für 50 Pfennige, das entspricht heutzutage 50 Cent,

seine Hausaufgaben an andere zum Abschreiben „vermietete“ – na, da lohnt sich doch die gute Schulbildung ...
Eine von Eltern häufig gestellte Frage ist die nach der Höhe des Taschengeldes. Wie viel soll man dem Kind in welchem Alter geben und wo sind Grenzen? Ich glaube, eine griffige Faustregel ergibt sich aus Ihrem eigenen Umgang mit Geld und dem, was Ihr Kind eines Tages von Geld halten soll. Wenn Sie Ihr Kind nicht zum geizigen Sparer erziehen wollen, der sich seinen Wohlstand nur centweise aufbaut, sollten Sie ihm zeigen, dass wir in einem der reichsten Staaten der Erde leben und Geld zu bekommen eine absolute Selbstverständlichkeit ist, auf die man selbst Einfluss hat. Denn das sollte es schließlich sein: Geldverdienen sollte weder etwas mit Kampf noch mit Abhängigkeitsgefühlen noch mit starren Regeln, auf die man sich ewig verlassen kann, zu tun haben. Geben Sie Ihrem Kind das Gefühl, dass Geld mit Wertschätzung zu tun hat (nicht mit Belohnung!). Ich halte ein regelmäßiges Taschengeld in fester Höhe, auf das das Kind sich verlassen kann, für absolut falsch, da das Kind zu dem Schluss kommen könnte, man habe ein automatisches Anrecht auf Geld. Wohin dieser Glaube führt, zeigt uns nicht nur die Zinseszins-Entwicklung, die durch Mehrfach-Überschuldung eines jeden zur regelrechten Finanz-Apokalypse führen wird, sondern zeigen uns auch die hitzigen Diskussionen der gewerkschaftlich organisierten Tarifverhandlungen fast aller Industrienationen: Da wird oft so lange via „Arbeitskampf“ um „Lohnanpassung“ gerungen, bis der Arbeitgeber einlenken muss, unabhängig von seinen wirtschaftlichen Möglichkeiten. Wie reagiert eine Unternehmensleitung üblicherweise darauf? So bald wie möglich werden infolge der Lohnerhöhungen tausendfach Arbeitsplätze abgebaut beziehungsweise ins lohnkostengünstigere Ausland verlagert. Diese Mentalität scheint eher von Feindschaft als vom konstruktiven Miteinander geprägt zu sein. Geld muss verdient werden und nicht erpresst

oder erbettelt, sonst richtet das daran geknüpfte Schuld- oder Verachtungsgefühl großen Schaden beim Geldempfänger an. In meinem Buch „Zielen – loslassen – erreichen!" stelle ich meine „Geldformel" vor, nach welcher ein jeder Mensch die Höhe seines Einkommens steuern kann. Diese Formel lautet: Einkommen ergibt sich aus Leistung plus deren Wert für andere, multipliziert mit dem Bekanntheitsgrad beim verantwortlichen Geldgeber. Diese Formel gilt gleichermaßen für Selbstständige, für abhängig Beschäftigte und sogar für Kinder. Wenn ein Kind durch Sympathiegewinn, durch Liebe, durch Wertschätzung Geld zur Verfügung bekommt, lernt es recht schnell, dass da jemand ist, der einem gerne Geld gibt, sofern dieser einen guten Grund dafür hat.
Sie haben richtig gelesen: Ein Kind sollte von Ihnen das Signal bekommen, dass es seine Einkünfte selbst ein wenig steuern kann, damit es sich rasch als *Verdiener* fühlen kann und nicht als *Abhängiger*.
Die Faustregel zur Auszahlung des monatlichen Taschengeldes lautet also: Ein Prozent vom eigenen „Taschengeld" (das ist Ihr eigenes Nettogehalt abzüglich aller Fixkosten) plus maximal je ein weiteres Prozent für die variablen Faktoren Wertschätzung und Wohlstandssignal. Dies ergibt das Taschengeld, mit dem Sie Ihrem Kind beibringen können, dass Geldmehrung *seine* Aufgabe ist und nicht *Ihre*. Da kleine Kinder große Zeltrahmen schlecht überblicken können, empfiehlt sich bis zum achten Lebensjahr wohl eher die wöchentliche Auszahlung.
Wenn Sie nun denken: „Das kann ich mir nicht leisten", dann haben Sie in Bezug auf Nachwuchs ohnehin schon etwas übersehen: Glückliche Kinder, auf die Sie stolz sein können, kosten ein Vermögen! Damit meine ich noch nicht einmal so sehr die Kleidung, die Spielsachen, Schulbücher und die Ernährung, sondern die Kosten, die dadurch entstehen, dass Sie Ihrem Kind den nötigen Entwicklungsfreiraum ermöglichen. Wenn Sie Ihr Kind nicht ständig durch Er-

mahnungen zur Vorsicht ausbremsen und sich selbst zum Feindbild aufbauen wollen, so brauchen Sie einen langen finanziellen Atem. Kinder beschmutzen Autositze und Sofas, schmeißen wertvolle Vasen um und ramponieren Gartenzäune, verwüsten Blumenbeete und wissen nicht, dass eine frisch tapezierte Wohnzimmerwand nicht mit Wasserfarbe bemalt werden darf. Bevor man sich ein teures und anspruchsvolles Haustier anschafft, welches vielleicht zwei Jahrzehnte bei einem lebt, besondere artgerechte Haltung, Spezialfutter, Sonderversicherungen und teure Halterkurse und Arztbesuche erfordert, sollte man einmal gründlich nachdenken. Bevor man sich ein Kind „anschafft“, welches Sie, sich selbst und andere schädigen kann, wenn es sich falsch behandelt fühlt, sollte man zehnmal so gründlich nachdenken. Kinder sind kein Spielzeug, mit dem man sich selbst verwirklichen kann!

Natürlich können sich auch finanziell schlecht gestellte Eltern Kinder leisten, doch gilt es stets zu bedenken, dass finanzielle Einbußen Menschen recht schnell nervös werden lassen. Im Umkehrschluss soll dies übrigens nicht heißen, dass wohlhabende Menschen die besseren Eltern sind (!) – sie haben lediglich mehr finanziellen Spielraum, ein Kind stressfrei zu begleiten. Kinder sind der „anspruchsvollste Luxusartikel“, den es gibt. Geduld, Geld, gutes Gewissen, Reflexionsvermögen, Respekt, Ruhe und viel Liebe gehören zur Grundausstattung fortschrittlicher Eltern. Als Gegenleistung dürfen Sie dann ein paar Jahrzehnte lang stolz auf sich sein und das Bewusstsein genießen, mit Ihrem Beitrag die Welt etwas verbessert zu haben.

Doch die Welt ist kein Märchenwald. Es gibt immer irgendwo Konflikte. Diese bei sich selbst zu verarbeiten, ist die allererste Aufgabe der „Seelenprogrammierer“.

Den eigenen Eltern verzeihen

Denken Sie wieder an Ihre eigene Kindheit: Musste wirklich jedes Ihrer Vergehen geahndet werden? Brauchten Sie bei jedem gesellschaftlichen Fehltritt Strafe? Waren Sie als Kind wirklich nicht in der Lage, ihr eigenes Verhalten moralisch zu bewerten? Wird ein Mensch zum Verbrecher, nur weil man ihn damals bei einer Schandtat nicht erwischt hat? Sie kennen die Antworten! Die moralische Entwicklung eines Menschen ist ein komplexer Prozess, der an Reife gebunden ist und durch Erfahrungen verstärkt wird. Der amerikanische Psychologe Lawrence Kohlberg (1927 – 1987) schuf ein Stufen-Modell der moralischen Entwicklung. Demnach wird ein Mensch im Laufe seines Lebens durch vielfältige Entscheidungen und den Lehren und Konsequenzen daraus immer fähiger, moralische Urteile ohne direkte Bestrafungen zu fällen. Blinder Gehorsam und unbedingte Gesetzestreue, wie sie in totalitären Systemen verlangt werden, wären demnach ein Zeichen von eingeschränkter Reife und Entwicklungsfähigkeit. Viele unserer vorangegangenen Generationen lebten aber in genau diesem geistigen Sinne: Gehorchen war die Maxime. Ich halte es zum Verständnis von Erziehung daher für unabdingbar, die eigenen Eltern und Großeltern im jeweiligen soziokulturellen und historischen Kontext zu verstehen – und ihnen dann nach Möglichkeit zu verzeihen. Der Weg zum Verzeihen führt immer zuerst über das Verstehen, so zeigt die Praxis. Erst wenn man die Handlungsmotive eines anderen in ihrem Kontext derart nachvollzieht, dass man an dessen Stelle selbst zu einer ähnlichen Handlung käme, kann man wirklich vollständig das Spannungsfeld zwischen sich und dem anderen abbauen – „verzeihen" nenne ich das. Wenn man beispielsweise herausfindet, warum die eigene Mutter zu einer ungeduldigen oder depressiven Frau und warum der eigene Vater zu einem ungerechten oder cholerischen Mann geworden ist, kann man die daraus resultierenden Handlungen nachvollziehen und vergeben. Das subjektive Gefühl der „Opferrolle“ wird durch die Erkenntnis abgelöst, dass Misshandler ebenso Opfer sind und nur durch ihr Kompensationsverhalten zu Tätern wurden. Den eigenen Eltern zu verzeihen sorgt dafür, dass man seine soziale Kind-Rolle beilegen kann. Dies ist nicht als theoretisches Konzept und auch nicht als netter Tipp gemeint, sondern ist der Befreiungsschlag aus der eigenen Kindheit.

Weil dies für gewöhnlich nicht ganz ohne Hilfestellung zu leisten ist, befindet sich diese Lektion auf der Starthilfe-CD, die diesem Buch beiliegt. Auf der CD werden Sie in einer Traumreise in den emotionalen Zustand Ihrer eigenen Kindheit gebracht und im Anschluss daran in die Rollen Ihrer Erzieher versetzt, damit Sie aus der heutigen Sicht des Erwachsenen bestimmte Dinge noch einmal neu beurteilen können und zudem noch einmal an die Sichtweise eines Kindes erinnert werden.

V. Live aus der Praxis

Schülercoaching

Zu uns kommen oft verzweifelte Eltern, die sich um die schulische Zukunft ihrer Kinder sorgen. Wie Sie sich vorstellen können, liegen Ursache und Lösung meist näher am Problem, als dies den Eltern lieb ist: Schulversager sind in der Regel nicht dumm! Viele von ihnen haben schlichtweg verlernt, Verantwortung für ihr eigenes Tun zu übernehmen. Die ständigen Bevormundungen, Erwartungen, Bestrafungen oder Belohnungen der Lehrer, Eltern und auch der Gesellschaft sind so massiv, dass die Eigenmotivation und das natürliche Interesse am Lernen versiegen. Dem könnte man leicht entgegenwirken, würde man nur beherzigen, was die Hirnforschung längst bewiesen hat:

1. Erwartungsdruck kann das Gehirn selbst in seinen einfachsten Leistungen blockieren.

2. Fehlt dem Schüler der Zugang zum erfahrbaren Sinn seines Lernstoffs, dann wird Lernen fast unmöglich. Denn: Menschliches Lernen und Erinnern hängt sehr von der individuellen Bedeutung für den Lernenden (Relevanz) ab. Wird diese Relevanz jedoch hergestellt, das Interesse für den Inhalt durch Bedeutung geweckt, dann ergeben sich daraus oft erstaunliche Leistungssteigerungen.

Der 14-jährige Mirko ging in die 7. Klasse des Gymnasiums. Seine Schulleistungen gegen Ende des ersten Halbjahres waren katastrophal, die Versetzung in die 8. Klasse war massiv gefährdet. Seine Noten: Englisch ungenügend, Mathematik ungenügend, Deutsch mangelhaft. Mirko wurde – offenbar gegen seinen Willen – von seiner Mutter zu mir in die Beratungspraxis „geschleift", saß ablehnend und genervt neben ihr. Seine Miene verriet: „Lasst mich alle in Ruhe! Ihr nervt!" Seine besorgte Mutter erklärte mir sofort wortreich und emotional, weder gutes Zureden noch Nachhilfe hätten Mirkos Noten gebessert, dabei sei er doch ein intelligenter Junge. Mirko selbst äußerte sich nicht, stöhnte während der Ausführungen seiner Mutter nur gelegentlich (mit himmelwärts gerichtetem Blick) und zuckte resigniert mit den Schultern. Mir war wichtig, Mirkos Meinung und Einschätzung zu hören – um ihn ging es doch schließlich.

So fragte ich ihn auf schnörkellose Art: „Was meinst du denn selbst? Liegt der Grund für die schlechten Noten deiner Meinung nach in Prüfungsangst bei Klassenarbeiten, sind die Lehrer alle bescheuert, packst du den Unterrichtsstoff nicht, wirst du durch irgendwelche Idioten im Unterricht abgelenkt oder gibt es noch einen anderen Grund?"

Mirko schien überrascht aus seinem „Halbschlaf" zu erwachen: Jemand interessierte sich tatsächlich für seine Meinung! Und nun platzte es regelrecht aus ihm heraus: „Stress! Totaler Stress in der Schule: in Englisch, in Deutsch und Mathe!" Ich fragte Mirko, womit er sich in seiner Freizeit gerne beschäftige. Man sollte ja meinen, jemand mit derartigem Stress müsse nach dem Unterricht erschöpft ins Koma fallen und den Rest des Tages im Tiefschlaf verbringen. Doch plötzlich hellte sich Mirkos Gesicht auf und überraschend lebhaft erklärte er mir: „Ich zock' viel am Rechner. Autorennen! Da führ' ich an der Schule sogar die Highscore an!"

Aha! Ein hektisches, stressiges Geschicklichkeitsspiel. Und das ist kein Stress für Mirko? Nein, er tut es völlig freiwillig, denn er weiß wozu – zum Beispiel um Anerkennung von Freunden zu bekommen oder um endlich einmal zu erfahren, dass auch er etwas besonders gut kann. Hier war für ihn höchste Relevanz gegeben.

Wenn Mirko dagegen im Englischunterricht saß, fragte er sich: „Wozu soll ich diese Fremdsprache lernen, ich will doch gar nicht nach England? Für Mathe gibt's Taschenrechner – und wozu Deutsch-Unterricht? Ich kann mich doch ganz gut verständigen und Gedichte will ich nicht schreiben. Außerdem hab' ich keinen Bock darauf, dass mich die anderen für 'nen Streber halten, der ewig gute Noten haben will."

Ich bot Mirko eine mühelose Möglichkeit an, die Power, mit der er zurzeit nur seine Autorennen „zockte", auf die schulischen Belange zu übertragen: zukünftig dem Unterricht zu folgen, den Lehrstoff zu begreifen, Klassenarbeiten erfolgreich hinter sich zu bringen und schließlich seine Noten erheblich zu verbessern. Da Mirko an diesem Angebot recht interessiert war, ließ er sich zunächst auf einen „Trancezustand" ein, in dem er 30 Minuten lang ruhig, entspannt und mit geschlossenen Augen überlegen sollte, welche Vorteile ihm in der Schule erworbenes Wissen einbringen und wozu er dieses Wissen benötigen könnte.

Anschließend ging ich mit Mirko gedanklich in eine Klassenarbeit und bat ihn, sich Folgendes vorzustellen: Seine Freundin aus der Parallelklasse muss eine Hausaufgabe schreiben. Sie bittet ihn, ihr hierbei zu helfen. Er erzählt ihr daraufhin locker, was er zum Thema weiß, gibt ihr schließlich ihr Heft zurück und ist mit den Aufgaben fertig.

Ich verankerte mit einem NLP-Trick, den Sie auf der beigefügten CD finden, dieses lässige Gefühl – mit dem Ziel, dass Mirko zukünftig auch seine Mathe-Arbeiten in diesem Zustand schreiben könne.
Als ungleich schwieriger stellte sich die Überzeugungsarbeit bezüglich Mirkos Mutter dar: Nach zähem Ringen konnte sie sich – auch im Namen ihres Ehemannes – damit einverstanden erklären, sich für die Dauer von sechs Monaten nicht in die schulischen Belange ihres Sohnes einzumischen, ihn nicht nach Informationen über die Schule „auszuquetschen“, ihn nicht zur Erledigung von Hausaufgaben oder zum „Üben“ anzuhalten.

Dieser Schritt ist wichtig, damit der Schüler sein reduziertes Verantwortungsbewusstsein regenerieren kann. Wenn er die Erfahrung macht, dass er selbst für seine Misserfolge geradesteht, fördert dies die intrinsische Motivation.
Einige Wochen später erschien Mirko zum Kontrolltermin: Er hatte inzwischen ein „Gut“ in Englisch und ein „Befriedigend minus“ in Mathematik geschrieben.
Es stellte für ihn keinen Stress mehr dar, im Unterricht zu sitzen, weil ihm durch eine einzige Erkenntnis klargeworden war, dass er nur für sich, nicht für Lehrer und Eltern zur Schule ging. Ich hörte noch ein letztes Mal von Mirko, als er kurz vor dem Abitur stand: Mathematik liebte er immer noch nicht, doch mit einem glatten „Befriedigend“ war er zufrieden. Im Fach Englisch besuchte er einen Leistungskurs und in Deutsch schaffte er meistens ein „Gut“. In seiner Freizeit spielte er immer noch am Rechner und führte die Ranglisten an!

Dieses Beispiel[13] – eines von vielen – zeigt, dass ein Schüler wieder leistungsbereit und aufnahmefähig werden kann, wenn ihm der Erwartungsdruck genommen und das Verantwortungsbewusstsein zurückgegeben wird.

Erklären lässt sich dieser Effekt der Lernblockade durch Erwartungsdruck bislang nur hypothetisch:

Anstrengung und Disziplin können den Erfolg aufgrund eines komplexen hirnphysiologischen Zusammenhanges sabotieren. Hier zugrunde liegt die These, dass menschliches Bestreben die möglichst widerstandsfreie Entfaltung der eigenen Absicht sei. Somit wäre eine verdiente Note „Mangelhaft" in einer Mathematikarbeit für die Psyche eines Schülers leichter zu verkraften als eine völlig unverdiente und unerwartete Note „Befriedigend", die ja faktisch eine bessere Note als ein „Mangelhaft" darstellt. Wenn die schlechte Note der Erwartung entspricht, kann sie sogar ein Zufriedenheitsgefühl auslösen, während die unverdiente, aber absolut bessere Note als ein Zeichen der Machtlosigkeit wahrgenommen wird. Frustration ist der Ausdruck, der kennzeichnet, dass die Psyche des Schülers einen „Machtverlust" im Sinne einer verhinderten Absicht hinnehmen musste.
Disziplindruck lässt sich also nicht lange aushalten. Die Fähigkeit dazu ist hauptsächlich im linken Großhirn angesiedelt (Broca-Zentrum, Wernicke-Zentrum). Damit ist sie in Regionen des Gehirns verortet, die unter anderem auch für unsere Sprache zuständig sind und die wir direkt, absichtlich und im Wachbewusstsein nahezu permanent benutzen können.

13 Ein weiteres Fallbeispiel aus meiner Praxis finden Sie auf meiner Schülercoaching-Internetseite www.rock-die-schule.de.

Hierdurch kann bei Überbeanspruchung – und wir reden hier auch von unterbewussten Überbeanspruchungen – ein solch hoher Sauerstoffverbrauch entstehen, dass unser eigenes Gehirn uns eine Art „Abschaltsignal" sendet. Dieses Signal empfinden wir als Überforderungsgefühl; es ist somit ein Alarmzeichen, ähnlich wie Durst oder Schmerz, und soll uns zu einer Verhaltensänderung bewegen. Folgen wir dieser körperlichen „Empfehlung" nicht, etwa aus Angst vor Zurückweisung, erhöht das Gehirn diesen Druck; denn folgen wir dem Abschaltimpuls nicht, droht durch die Sauerstoffschuld eine Gefahr für das Gehirn, die sogar zu einem Apoplex, einem Hirnschlag, eskalieren kann, der oft tödlich ist.

So erklären sich auch Überforderungsgefühle bei Schülern, wenn sie am Morgen nur an Schule denken. Die subjektive Erwartung der Anforderungen des Tages ist bereits zu viel. Übrigens: Das berüchtigte „Herumträumen", bei dem ein Schüler mit glasigem Blick ein Loch in die Luft starrt, sorgt bereits für ein kurzes „Herunterfahren" der Aufmerksamkeit und erhält damit die Aufnahmefähigkeit. Nun erklärt sich auch, warum Menschen bei permanenter Überforderung durch Erwartungsdruck oftmals sprachliche Blockaden empfinden, etwa wenn man im Sprachunterricht bei ganz neuen Lektionen plötzlich vom Lehrer überraschend aufgerufen wird. Der berühmte Sprechpausenfüller „Äääh", welchen wir nicht nur von Boris Becker und Edmund Stoiber kennen, ist immer ein Hinweis auf akuten Überforderungsdruck durch überhöht wahrgenommene Fremderwartung. Das Hirn schreit nach Entlastung, die sich ein Schüler schlichtweg durch Ablenkung, also durch das Abschalten der für Disziplin zuständigen Gehirnregionen, verschafft.

Fazit: Lassen Sie Ihren Kindern den nötigen Freiraum zum Lernen, machen Sie kein Geschrei um besonders gute oder schlechte Noten und zeigen Sie ihnen Ihr Interesse für das, was sie in der Schule lernen – und schon entdecken die Kinder wieder einen Sinn in dieser Einrichtung. Vorausgesetzt, sie glauben Ihnen.

Ich hatte einmal die Gelegenheit, an einem der größten und modernsten Gymnasien Deutschlands einen Workshop für Lehrer durchzuführen. Das Thema war, leistungsschwache Schüler zu höheren Lernleistungen zu motivieren. Für mich ist dies kein Problem, doch als diesen hochqualifizierten Lehrern langsam klarwurde, dass nicht die Schüler den Schlüssel zum erfolgreichen Unterricht in der Hand halten, sondern die Lehrer selbst sich „an die eigene Nase fassen" müssen, da sie an ihren mangelnden didaktischen Fähigkeiten und am Unvermögen, Relevanz des Stoffes zu vermitteln, scheitern, verließen zwei Drittel von ihnen beschwerdereich und zur stillen Belustigung der Verbleibenden den Klassenraum. Viele Lehrer wollen eben nur *lehren* und nicht *lernen*. Es waren vor allem diejenigen Pädagogen, die vielen „Problemfällen" und „Sechserkandidaten" hilflos gegenüberstanden und die sich über Unterrichtsboykott und fehlende Bereitschaft zur Mitarbeit beschwerten. Es wäre eigentlich ein amüsantes Beispiel für Projektion, bei der das eigene Verhalten dem anderen unbewusst unterstellt wird – wenn nicht zugleich die Zukunft unserer Kinder durch solche Ignoranten beeinträchtigt würde.
Die übrigen Pädagogen hingegen zeichneten sich dadurch aus, dass sie mit ihren Schülern im Unterricht eher Erfolgsgeschichten schrieben und auch bei angeblich schwierigen Kindern und Jugendlichen gute Lernleistungen erzielten, statt einfach nur „Versagerverwaltung" und Schuldzuweisung zu betreiben. Ein trauriges Bild, welches der Großteil der anwesenden Lehrer bei

dieser Veranstaltung bot, wie ich finde. In kaum einem anderen Beruf wird Personal mit derart zweifelhafter Kompetenz mit solch verantwortungsvollen Aufgaben betraut und noch nicht einmal qualitätssichernd kontrolliert wie im deutschen Schulunterricht. Die Bildung des Nachwuchses eines der mächtigsten Industriestaaten der Erde sollte meiner Ansicht nach möglichst nicht von Glückstreffern schlecht ausgebildeter Lehrer abhängen, sondern präzises Expertengeschäft sein. Den Preis dafür zahlen wir alle – so oder so! Es gibt genug ambitionierte Talente unter den Pädagogen – Menschen mit hoher didaktischer Kompetenz, Menschen, von denen Kinder mit großem Interesse lernen würden, sich zu entfalten und zu bilden. Doch diese „Naturpädagogen" könnte man mit dem bisherigen Besoldungstarif für Lehrkräfte höchstens beleidigen, anstatt sie angemessen zu bezahlen. Angesichts des pädagogischen Vakuums in den Familien leiden viele Lehrer zudem unter den Belastungen so genannter Bedürfnisschüler – das sind Schüler, die den Lehrer als Anlaufstelle für Konflikte oder als Quelle der Aufmerksamkeit missverstehen. Wer sich als Lehrer durch diese zusätzlichen Belastungen überfordert fühlt, ist in seinem Job sicher so fehl am Platz wie ein Busfahrer im Cockpit eines Airbus. Ich denke jedoch: Würden alle Nationen mehr Geld in die Förderung und Bildung ihrer Kinder stecken statt in Rüstung und Arbeitslosigkeit, wären letztere Posten bald dauerhaft minimierbar.
Bis dahin bleibt die Schule wohl der Alptraum vieler Kinder – und Lehrer. Ich halte es für eine Pflicht unserer Gesellschaft, unser Schulsystem von Grund auf zu reformieren. Beginnen müssen wir bei der Ausbildung. Junge engagierte Lehramtsanwärter, die sich zum Ziel gesetzt haben, ihr Wissen an unsere Kinder weiterzugeben, müssen psychologisch und didaktisch aufs Gründlichste geschult werden. Nur wenn unsere Lehrer von Anfang an das Handwerkszeug mitbekommen, auf Trotz, Misstrauen und Überforderung der Kinder angemes-

sen zu reagieren, haben diese Menschen die Chance, diesen für uns alle so wichtigen Beruf des Lehrers konfliktfrei auszuüben. Wir brauchen unsere Lehrer, daher sollten wir in sie investieren! Bis der Beruf des Lehrers wieder zu einem Traumberuf wird, dürfte es allerdings noch eine Weile dauern.

Der Schulnotenterror kann einem Menschen das ganze Leben verübeln, schrieb eine erwachsene Leserin in meinem Diskussionsforum:
„Eine große ‚Baustelle' auf dem Weg zu einem glücklicheren Leben ist bei mir mein mangelndes Selbstbewusstsein. Ich konnte mir bis heute nicht vorstellen, wo ich mir dieses Problem eingefangen habe, aber dieses mangelnde Selbstbewusstsein macht mir gerade im harten Berufsalltag im Umgang mit fiesen/verärgerten Kunden das Leben schwer. So ein Gespräch nagt manchmal tagelang an mir. Meine Kolleginnen scheinen solche Gespräche ganz einfach wegzustecken. Das kann ich einfach nicht. Ich habe mich schon länger gefragt, warum das so ist. Außerdem habe ich oftmals das unterschwellige Gefühl, dass ich nicht gut genug bin für meinen Job oder auch für mein Leben. Heute hab ich mich, weil ich etwas niedergeschlagen war (ich hab gerade eine eitrige Mandelentzündung), in die Badewanne verzogen und das Buch „Heilen ohne Medikamente" gelesen. Als ich zu der Stelle kam, wo die Patientin von ihrer Oma verprügelt wurde, als sie versehentlich und unabsichtlich den Nagellack auf den Teppich kippte, kam mir plötzlich eine ganz klare Erinnerung, die ich wohl verdrängt hatte. Ich sitze am Küchentisch und bin ca. 12 Jahre alt. Ich habe massive Probleme in der Schule und mal wieder eine sehr schlechte Note mit nach Hause gebracht. Durch eine Lese-Schreib-Schwäche (die erst später festgestellt wurde) schreibe ich plötzlich nach dem Wechsel aufs Gymnasium nur noch Fünfer im Diktat. Auch in Mathe und später Latein habe ich riesige Schwierigkeiten. Ich sitz also

da, am Küchentisch, und fühle mich vollkommen überfordert und dumm. Und meine Oma macht mir, während sie das Essen zubereitet, fürchterliche Vorwürfe. Sie sagt: ‚Du bist faul, du strengst dich nicht genug an! Deine Mutter arbeitet sich den Buckel krumm, damit du zur Schule gehen kannst, und du dankst es ihr mit schlechten Noten!!‘ Ich habe damals wirklich alles gegeben, was ich konnte. Diese Vorwürfe musste ich mir bei jeder schlechten Note anhören. Über Monate. Als mir das klarwurde, hat mich das fürchterlich getroffen und sehr wütend gemacht. Ich habe erst mal geheult und bin momentan auch noch sehr durch den Wind.“

Zum Glück konnten wir das Grundübel schnell in einem Telefonat auflösen. Wer war's mal wieder? Die Eltern! Die hatten einfach nicht gewusst, dass das Kind, welches bekanntermaßen bei der Geburt zehn Tage übertragen war, durch die Geburtshilfe (Wehentropf, Geburtszange) traumatisiert war. Ein solches Kind fühlt sich überfordert, missverstanden und genötigt. Es ist daher sehr sensibel für Schuldzuweisungen und Missverständnisse! Ich habe Hunderte von solchen Beispielen aus der Praxis, die allesamt zeigen: Wenn ein Kind sich massiv falsch behandelt fühlt, reagiert es mit Schutzmechanismen – offensiv oder defensiv, nie aber mit der reifen Strategie, der Akzeptanz. Wenn ein solch vortraumatisiertes Kind massive Schuldzuweisungen und Bevormundung erleiden muss, reagiert es wesentlich sensibler als ein Kind, das ein solches Verhalten mit gesunder Distanz wegstecken kann.

ADHS – Zu gewollt ist auch daneben

„Zappelphilipp-Syndrom“ – so wurde ADHS früher noch genannt. In meinem Buch „Heilen ohne Medikamente“ beschreibe ich in dem Kapitel „ADHS – Die Geister, die ich rief“, was meiner Ansicht nach hinter dem Aufmerksamkeitsdefizit-Hyperaktivitäts-Syndrom steckt. Eine einheitliche Definition dieses Verhaltensbildes gibt es ohnehin nicht. Doch die erfolgreiche Behandlung zeigt: Man muss diesen Kindern intellektuell „harte Nüsse zum Knacken geben“, welche zudem gesellschaftlich wertvoll sind. Ich glaube, ADHS ist keine medikamentös zu behandelnde Krankheit, sondern eine

erhöhte Leistungsbereitschaft zum Zwecke der Aufrechterhaltung des Endorphinspiegels.

Damit hat ADHS Ähnlichkeit mit der Heroinsucht, allerdings mit dem Unterschied, dass Heroin eine längere Halbwertzeit hat als körpereigene Morphine (Endorphine) und durch Außengabe (etwa Spritzen oder Rauchen oder Schlucken) konsumiert werden muss. Der ADHS-Betroffene kann sich nicht einfach eine Dosis psychotroper Substanzen verabreichen (es sei denn, der Arzt hat solche verschrieben, wie ja leider zunehmend zu beobachten ist), er muss mit seinem Verhalten dafür sorgen, dass körpereigene Chemikalien ausgestoßen werden. Dafür tut er – wie ein Junkie – alles. Beginnen wir von vorn:

Neurobiologen wissen seit Jahrzehnten, dass sich die Entwicklung der Intelligenz bereits im Mutterleib vollzieht. Je mehr interessante und fördernde Einflüsse der Embryo erlebt, desto höher ist die Anzahl seiner neuronalen Verschaltungen, das wichtigste Kriterium für Intelligenz. Seit spätestens den

1990er Jahren wissen wir, dass ein Baby im Bauch sämtliche Neurotransmitter der Mutter ungefiltert mitbekommt. Neurotransmitter sind die Botenstoffe, die Gefühle und Empfindungen übermitteln. Was die Mutter empfindet, das empfindet das Baby auch – nur mit dem wichtigen Unterschied, dass ihr Baby glaubt, es seien seine *eigenen* Gefühle.

Einer der angenehmsten „Gefühlserzeuger“ im Körper sind die Botenstoffe der Gruppe der Endorphine – im Allgemeinen als „Glückshormone“ bekannt. Sie erfüllen vielfältige Aufgaben, wirken stark schmerzstillend und sind an verschiedenen vegetativen Prozessen beteiligt, unter anderem an der Regulation der Körpertemperatur, der Steuerung von Antrieb und Verhalten sowie der Regelung der Darmbeweglichkeit. Endorphine werden auch als natürliches „Opium“ bezeichnet, da die Wirkung in hoher Ausschüttung mit dem starken Glücksgefühl beim Konsum von Opium vergleichbar ist. Ebenso wirken Endorphine genau wie künstliche Morphine in hoher Dosis atemdepressiv – und das ist der Schlüssel zum ADHS.
Denn wenn der Spiegel an fremden Morphinen zu hoch wird, regeln die körpereigenen Systeme die Produktion der Endorphine herunter. Geschieht das häufig in der embryonalen Wachstumsphase, so stellt sich offenbar die Hypophyse, eine Hormondrüse, des Kindes in der Entwicklung darauf ein, um eine Überdosierung an Morphinen zu vermeiden. Die Folge: Nach der Geburt ist das Kind auf erhöhte Stimuli zur Endorphinausschüttung angewiesen!

ADHS ist damit eine absolut logische und für jeden nachvollziehbare *Reaktion* auf das plötzliche Nachlassen erlebter frühkindlicher Intelligenzförderung durch pränatale Eingriffe – und keine medikamentös zu behandelnde *Krankheit!*

Wer seine Kinder auf-Teufel-komm-raus fördert, der muss sich nicht wundern, wenn diese dann schließlich intellektuell „etwas zu beißen“ haben wollen und weiterhin dasselbe Maß an Aufmerksamkeit und Anerkennung einfordern, wie sie es gewohnt sind.

Natürlich ist es im Sinne der Entwicklung des Kindes und zur Verringerung von Geburtskomplikationen durchaus sinnvoll für eine werdende Mutter, mit ihrem Kind im Bauch zu interagieren. Hierzu gibt die amerikanische Autorin Marie F. Mongan in ihrem Ratgeber „HypnoBirthing“ hilfreiche und strukturierte Anleitung. Die positiven Auswirkungen einer sensiblen und beruhigenden Interaktion mit dem ungeborenen Kind lassen sich ein Leben lang feststellen. Nur sollte man auch nach der Geburt in der Lage sein, einem Kind das zu geben, was man ihm neun Monate lang „versprochen“ hat.

Ich gebe betroffenen Eltern stets den Rat, ihr ADHS-Kind im Grundschulalter so zu behandeln, als habe es die Reife und Fähigkeiten eines Vierzehnjährigen, mit den Rechten und Pflichten eines Achtjährigen. Damit meine ich „Welpenschutz“, gleichzeitig versehen mit dem Respekt eines fast erwachsenen Menschen. Wenn ein Kind sich respektierter, ernster genommen und auf gleicher Augenhöhe beachtet fühlt, braucht es um seine Position als intelligenter und verständiger Mensch nicht zu kämpfen. Natürlich fehlen dem Kind noch Lebenserfahrung und Verantwortungsbewusstsein, daher ist der Schutz notwendig, um es nicht zu überfordern und frustrieren. So bliebe es nicht länger entmündigt, aber genügend gefordert und zudem deutlich ernster genommen.
Das Medikament Ritalin, ein amphetaminartiges Arzneimittel mit stimulierender Wirkung, kann im Regelfall sofort vollständig abgesetzt werden. Mir

sind keine Fälle von Nebenwirkungen oder Entzug bekannt, wenn das Förderprogramm eingehalten wird.

Meines Erachtens ist Ritalin mit großer Vorsicht und Skepsis zu behandeln, wie die Berichte über nachhaltige Schädigungen im Zusammenhang mit dem Medikament zeigen. So zeigt eine evidenzgestützte Studie eindeutig, dass „Ritalin-Kinder" im Erwachsenenalter eine signifikant höhere Bereitschaft zum Drogenkonsum aufweisen. Zudem steht Ritalin im Verdacht, als mögliche Langzeitschädigung die Parkinson'sche Krankheit zu begünstigen.
Und dies alles nur, weil Eltern mit einem hoch anspruchsvollen Kind völlig überfordert waren.

Burnout-Syndrom: Sich brav halbtot arbeiten

Das Phänomen des Burnout-Syndroms ist nicht neu, früher nannte man das „sich überarbeiten" oder auch etwas verniedlichend „urlaubsreif sein". Diese Erscheinung nimmt immer massivere Formen an und breitet sich in bedrohlichem Maße aus:

Psychische Leiden waren 2008 für knapp elf Prozent aller Fehltage am Arbeitsplatz verantwortlich, dies ergab eine im März 2010 veröffentlichte Studie der Bundespsychotherapeutenkammer. Psychisch bedingte Krankschreibungen hätten sich seit 1990 fast verdoppelt und verursachten überdurchschnittlich lange Fehlzeiten. Die Behandlungskosten für depressive Störungen lägen inzwischen bei mehr als vier Milliarden Euro im Jahr.

Zu einer Häufung psychosomatischer Beschwerden komme es auch, wenn der berufliche Einsatz in keinem Verhältnis zum Lohn und zur sozialen Anerkennung sowie zur Arbeitsplatzsicherheit stehe.

Dass nicht nur Männer ein Burnout-Syndrom erleiden können, sondern auch Frauen, ist die bittere Erfahrung von Regina B., einer Mittfünfzigerin, die letztes Jahr zu mir in die Praxis kam. Als gut bezahlte Sekretärin in einer mittelständischen Firma arbeitete sie durchschnittlich etwa acht bis zehn Stunden täglich – für mich als Selbstständiger keine besonders auffällige Stundenzahl. Doch Regina hatte bereits regelmäßig Weinkrämpfe, depressive Schübe und wurde von lähmender Morgenmüdigkeit geplagt. Eine gewöhnliche Erkältung zog sich im Krankheitsverlauf über ganze drei Wochen hin. Es musste sich also etwas ganz Besonderes an ihrem Arbeitsplatz abspielen, das Regina krank machte, so viel war klar.

Bei näherer Befragung zeigte sich, dass ihr direkter Chef sie über alles schätzte und sie für ihn seine rechte Hand war. Regina organisierte den gesamten Kundenschriftverkehr und kümmerte sich zudem um die Einteilung der jeweiligen Außendienstmitarbeiter. Interessant war für mich, dass Hermann, so ihr Chef, Regina sehr stark an ihren eigenen Vater *Herbert* erinnerte. Als Papas Liebling aufgewachsen, übernahm die Erstgeborene von drei Geschwistern bereits früh nicht nur Verantwortungsaufgaben, sondern entwickelte sich zunehmend zu einer Art „Ersatzsohn“ für den Vater. „Spielen“ wurde zu einem verächtlichen Wort für unnütze Zeitvergeudung. Der Vater war stets darauf bedacht, dass seine Tochter etwas Sinnvolles tat, nicht zu sehr herumalberte, träumte oder „schwächelte“.

Vater Herbert führte ein kleines Handelsunternehmen, verstarb aber tragischerweise früh mit 67 Jahren. Harte Arbeit war für den Vater der Schlüssel zum Erfolg und für Regina die Autobahn zur Überforderung. Genau da lag nämlich der „Hase im Pfeffer“. Die Bindung zum Vater war derartig stark, dass für die Tochter dessen Anerkennung zur „Droge“ und sein Tod zum Auslöser für das Burnout wurde. Ihm „dienen zu wollen“ wurde zu einer unterbewussten Berufsmotivation für den Sekretärinnenjob. So gab sie in der Firma für ihren Chef mit der väterlichen Ausstrahlung und dem ähnlich klingenden Namen mehr, als sie konnte – sie gab alles. Ihr Körper löste mit seinen Symptomen ein Warnsignal nach dem anderen aus, doch Regina ignorierte dies. Arbeit ging nun einmal vor. Meine Idee, ihr helfen zu wollen, bestand darin, sie in Gedanken mit ihrem toten Vater sprechen zu lassen und ihn zu fragen, ob er denn wirklich wollte, dass es ihr schlecht ginge. Regina begriff im imaginären Dialog mit dem Verstorbenen, dass er sich sehnlichst einen Sohn gewünscht hatte, auf den er hätte stolz sein können. Sein eigenes Leben lang hatte Herbert das Gefühl, wiederum dem eigenen Vater zeigen zu müssen, wie hart, ernst und fleißig er war, ohne dafür Anerkennung zu bekommen. Dieses Muster wiederholte sich dann bei Regina. Im Verlauf des Coachings wurde ihr immer klarer, dass sie eine Art „Ersatzsohn“ gewesen war, zudem ohne Aussicht auf Erfolg. Nur mit der Akzeptanz ihrer femininen Rolle konnte Regina sich wirklich entfalten. Um ihr das zu verdeutlichen, erklärte ich ihr, dass die meisten Männer stark genug seien, innerhalb von einer Sekunde ein fest verschlossenes Gurkenglas zu öffnen. Die meisten Frauen hingegen könnten dies nicht. Doch ich fügte hinzu: Eine Frau könne aber innerhalb einer Sekunde eintausend Gurkengläser öffnen lassen – sie bräuchte nur darum zu bitten, zu lächeln und sich zu bedanken.

Was ist effizienter: die maskuline oder die feminine Strategie? Die Handelnde oder die *Regierende?*

Regina verstand, dass sie nun ihre weiblichen Stärken entdecken konnte, ohne dies für Schwäche halten zu müssen. Damit war sie nun im Besitz der Erkenntnis, wie sie mit einer anderen Strategie erfolgreicher werden konnte, ohne sich dafür disziplinieren zu müssen. Ich „teste“ diese Erkenntnis im Anschluss an meine Coachings immer, indem ich meinen nun auf Femininität gepolten Kundinnen beispielsweise in die Jacke helfe. Danach deute ich an, ihnen zum Abschied die schwere Praxistür aufzuhalten, und beobachte, wie gut sie sich dies gefallen lassen. Meist lässt sich hierbei feststellen, dass für die Frau das Annehmen dieser Geste zwar ungewohnt, aber angenehm ist. Damit zeigt sich der Beginn einer sich entwickelnden Verhaltensänderung.

Väter können einem Mädchen nicht den Weg ebnen, eine glückliche Frau zu werden, im Gegenteil: Oftmals sind sie sogar die hauptsächlichen Problemquellen ihrer Kinder, wie auch das nächste Beispiel zeigt.

Allergie gegen den eigenen Vater II

Allergien sind keine Krankheiten, sondern Folge einer Konditionierung, genauer ein Stellvertreterkampf, so behaupte ich. In meinem Buch „Heilen ohne Medikamente“ berichtete ich in einem Fallbeispiel von Uta, einer jungen Frau, die unter verschiedensten Allergien litt.
Bevor ich Ihnen noch weitere Beispiele beschreibe, fasse ich für das Verständnis von Allergien diesen Fall zusammen:
Allergien gegen Pferdehaare, Katzenhaare, Gräser, Kräuter, Blüten, Pollen, Heu und mehr schleppte die 27-Jährige schon seit über acht Jahren mit sich herum, herkömmliche Therapien wie Desensibilisierungen, Medikamente, Homöopathie, Akupunktur und dergleichen schlugen zwar meist kurz an, brachten aber keinen dauerhaften Heilungserfolg. In einem intensiven Coaching machten wir den autoaggressiven Hintergrund der Allergie bewusst.

Uta erfuhr, dass wir Menschen in der Lage sind, aus allem ein Symbol zu machen und uns auf bestimmte Dinge zu konditionieren, selbst wenn wir sie nicht bewusst wahrnehmen.
Denn genauso entstehen Allergien. Ein Gedanke wird an das Auftauchen irgendeines chemischen oder biologischen Stoffs (das Allergen) geknüpft – und wann immer diese Substanz vom Körper registriert wird, folgt automatisch die unterbewusste Erinnerung an den Ursprungsgedanken. Wenn der Betroffene dann in einer als psychisch bedrohlich empfundenen Situation ist, löst diese Erinnerung ein Abwehrsymptom (die Allergie) aus. Fühlt sich der Mensch gefestigt und stark, passiert körperlich gar nichts.

Nicht die Stoffe verursachen also den allergischen Schub, sondern *die Situation*, in der die Stoffe auftauchen, also die daran gekoppelten Informationen. Ich erfuhr, dass Utas Vater hinter ihrer allergischen Reaktion steckte. Er wurde von ihr als ein Despot sondergleichen wahrgenommen, der seine Tochter als Kind unter fürchterlichen Erwartungsdruck gesetzt hatte. Diesem Druck hält die Psyche natürlich nicht besonders lange stand und versucht, sich dem zu entziehen. Doch der Rückzug war ihr leider verboten – als Töchterchen hatte sie gefälligst artig zu sein, auf den Vater zu hören und gewissenhaft zu spuren.

Nun kommt der entscheidende Faktor, der erklärt, warum es ausgerechnet jene besonderen Stoffe waren, auf die Uta allergisch reagierte: Der Vater war auf dem bäuerlichen Land aufgewachsen und hatte sich auch stets dorthin zurückgewünscht. In der Stadt zu wohnen bedeutete für den Vater den Inbegriff der Unfreiheit. Arbeiten müssen, für seine Familie sorgen müssen, sich nicht entfalten können oder nicht manchmal in Ruhe gelassen werden – das alles bedeutete die Stadt für ihn. Je mehr er vom Leben auf dem Land schwärmte, desto mehr verband seine Tochter diese Informationen miteinander. Land (also Pferdehaare, Gräser, Kräuter, Blüten, Heu u.s.w.) wurden mit dem verhassten Vater und *seinen* Wünschen in einen Zusammenhang gebracht. Und voilà: Fertig ist die unterbewusste Abneigung gegen alles, was mit dem Vater zusammenhängt, nebst körperlicher Reaktion als Zeichen des Angegriffenseins und als Alibi zum Zurückziehen. Jedes Mal, wenn Uta sich unbewusst der Erwartungshaltung des Vaters ausweglos ausgesetzt fühlte, erzeugte sie eine derartige Abscheu, dass sie sich der Situation mittels ihrer Symptome entziehen wollte.

Der Mechanismus der Autoaggressivität, einer Defensiv-Strategie, ist eine häufige Ursache von psychosomatischen Erkrankungen. Allergien aufzulösen gestaltet sich für mich immer wieder als spannende Detektivarbeit. So kommen zu mir bei Herbstbeginn stets Kunden, die nach einem langen verschnupften Sommer sprichwörtlich „die Nase voll" haben und ihre Allergien loswerden wollen. Unser Vorgehen ist in jedem Falle nicht medizinischer, sondern rein pädagogischer Art. Wir untersuchen einfach nur Glaubenssätze, Konditionierungen und Reiz-Reaktionsmuster. Hierfür benutzen wir tiefenpsychologische Analysen, bei denen sich die überraschendsten Ergebnisse offenbaren.
So beispielsweise bei dem 39-jährigen Allergiker Jochen B., welcher seit seiner späten Jugend unter einer diagnostizierten Birkenpollenallergie litt. Ich *fragte* den sympathischen, aber etwas schüchternen Junggesellen einfach, warum er ausgerechnet auf diese Art von Allergenen reagierte. Seine erste Reaktion war ein irritierter Blick, der zu sagen schien: „Woher soll *ich* denn das wissen??" In aller Ruhe erklärte ich ihm, dass Birkenpollen keinen Menschen krank machen, denn sonst würde dies schlichtweg alle Menschen betreffen. Es musste etwas geben, das er ganz persönlich mit dem Auftauchen von Birkenpollen verband. Dieses spezielle Element sei es, das ihn krank mache. Ein Schulterzucken unterstrich Jochens hilflosen Gesichtsausdruck. Er wusste damit nichts anzufangen. Jahrzehntelang hatte er Medikamente gegen seine Allergien bekommen, zuletzt sogar ein Cortisonpräparat. Ich bat ihn, sich einmal ganz bequem hinzusetzen, die Augen zu schließen und frei assoziativ zu überlegen, was er mit Birkenpollen in Verbindung brachte, was ihm so einfiel, wenn er an Birkenpollen dachte. Nach etwa einer knappen Minute befand sich Jochen in einer leichten Trance, die es ermöglicht, an unterbewusste Erinnerungen im Gehirn heranzukommen. Und nach einer weiteren Frage von mir kamen die Erinnerungen, und zwar gewaltig. Ich sagte: „Jochen, wovon haben

Sie tatsächlich die Nase voll und was hat das ausgerechnet mit Birkenpollen zu tun?“ Nach wenigen Sekunden des Nachdenkens lief dem jungen Mann das Wasser gleichzeitig aus Nase und Augen und schluchzend stotterte er: „Mein Vater... Es ist der erste schöne sonnige Tag im Frühling. Meine Freunde und ich, wir alle wollten eine Fahrradtour machen. Wochenlang hatten wir das geplant. ... Ich habe eine Fünf in der Mathearbeit... ich muss zuhause bleiben und üben.“ Obwohl Jochen schluchzte und schluchzte, musste ich ihn weiter befragen, denn ich wollte ihn vollends von seiner Allergie befreien. Also fuhr ich fort und fragte: „Was ist das Schlimme daran für Sie, Jochen?“ Ich werde niemals seine Antwort vergessen, sie lautete: „An der Tür klingelte Heike, um mich abzuholen. Ich wollte seit Wochen schon mit ihr zusammen sein. Ich hörte meinen Vater sagen: ‚Jochen ist nicht da. Ich weiß nicht, wo er ist.‘ Ich hätte schreien können, doch es ging nicht. Ich saß nur stumm da und weinte.“ „Oh weh!“, dachte ich. Da hätte ich wahrscheinlich auch ziemlich die Nase voll von allem, das mich daran erinnert. Diese schreckliche Begebenheit erinnerte mich stark an eine Szene aus dem Peter-Weir-Film „Club der toten Dichter“. In dieser treibt Mr. Perry, ein verständnisloser und strenger Vater, seinen Sohn Neil in den Selbstmord, nur weil dieser seinem verbotenen Wunsch, Schauspieler zu werden, nachkommt. Zur Strafe will ihn der Vater in die Militärakademie schicken.

Nun, mein Kunde war zwar zum Glück kein Selbstmord-Kandidat, aber ich spürte deutlich den unbändigen Hass auf den übermächtigen Vater.

Auflösen konnten wir die Allergie, indem ich Jochen in die Rolle seines Vaters versetzte und ihn nachempfinden ließ, wie dieser wohl aufgewachsen sein mochte – Entbehrungen, Disziplin, Gefühlskälte und Härte. Das alles war der Stoff, der aus Jochens Vater einen verbitterten und verständnislosen Mann gemacht hatte. Er erhoffte sich von seinem Sohn zum einen eine Chance darauf,

auf sich selbst stolz sein zu können, zum anderen wollte er Jochen stellvertretend vor Bestrafung schützen, indem er sich selbst unterbewusst zum Vertreter der bestrafenden Instanz machte. Des Weiteren zeigte sich, dass Jochens Vater seinen eigenen Eltern einen Denkzettel verpassen wollte. Dieser lautete: „Seht her, Eltern! Ich mache mit meinem Sohn, was Ihr mit mir gemacht habt, und ich bekomme das gleiche Ergebnis: einen wütenden und verzweifelten Sohn. Damit ist bewiesen, dass nicht ich die Problemquelle in meiner Kindheit war, sondern eure Art zu erziehen!"
Solche unterbewussten Racheakte an den eigenen Eltern dienen dazu, die eigene Psyche von Schuldgefühlen zu entlasten – keine Seltenheit im pädagogischen Alltag!

Kommen wir zu weiteren Allergien:

Nüsse. Wann tauchen Nüsse für gewöhnlich in deutschen Familien auf? Zur Adventszeit. Was ist das Schlimme an Nüssen? Die Antwort: Dass man diese bevorzugt essen muss, anstelle der Schokoladenweihnachtsmänner, die ebenfalls auf dem Nikolaus-Teller liegen. Das gleiche Schicksal ereilt dann auch Orangen und Mandarinen. Erlaubtes wird zu Erzwungenem, Rationiertes wird zu Verbotenem – und je nachdem, mit welchem Druck und welcher Vorgeschichte solche Einschränkung erlebt wird, ist die Allergie nicht mehr fern.

Milchproduktallergien. Was verbirgt sich im frühkindlichen Erleben zumeist hinter Milch? Kühe? Nein, Mutter! Wenn diese zu viele Stresshormone in der Milch oder bereits in der Schwangerschaft einen „giftigen Stresscocktail" im Blut hatte, ist es kein Wunder, dass ein Baby auf die Milch allergisch reagiert und dies bis ins Erwachsenenalter beibehält. Gute Nachricht für alle, die darunter leiden: Die Aussöhnung mit der Mutter macht Milchprodukte wieder verträglich. Eine Allergie ist ein Stellvertreterkampf.

Ein Beispiel für Katzenhaarallergie habe ich ebenfalls in meinem oben erwähnten Buch beschrieben, für alle anderen Tierhaare gilt derselbe Mechanismus. Die Auflösung ist zumeist immer die gleiche: Wer seinen Kampf nach innen richtet statt nach außen, wo er hingehört (oder besser noch einfach beilegt!), der bekommt Autoaggressionserkrankungen. Sie brauchen hierfür zur Therapie meist keine Medikamente, sondern Verständnis, Wissen und Verzeihen. Allergien sind eine ganz typische Reaktion darauf, dass man ein Kind unter starken Druck gesetzt und ihm keinen konfliktfreien Ausweg ermöglicht hat. Damit sind diese Erkrankungen meiner Ansicht nach eine klassische Erziehungsfolge.
Pflichtgefühl, Wut, Überforderung und Entbehrungen sind die Trigger, die allergische Schübe auslösen.

Erziehungsfolge Krebs

Im Grunde genommen können wir fast die gesamte Palette aller psychischen und psychosomatischen Erkrankungen auf frühkindliche Traumatisierungen zurückführen, meist ausgelöst durch Missverständnisse, Überforderung, Bevormundung und Druck. Daher auch der Titel dieses Buches. Doch eine spezielle Symptomatik möchte ich noch herausstellen, weil diese so typisch für unsere heutige Gesellschaft ist: der Krebs.

Selbstverständlich kann Krebs durch Strahlung, Gifte oder vielleicht sogar durch Gendefekte entstehen. Auch Pflanzen und Tiere können bösartige Geschwulste bekommen. Dennoch fragen wir immer vorsichtshalber bei unseren Kunden in einer Trance nach, ob sie eine Ahnung haben, warum wohl ausgerechnet das betroffene Organ krank geworden ist und nicht irgendein anderes. Und siehe da, es zeigte sich fast immer eine symbolische Bedeutung des Organs. So verbinden viele Frauen die Brust mit dem Thema „Weiblichkeit" oder „Mütterlichkeit". Ist das Thema konfliktbehaftet, so erkrankt das Körperteil. Der Darm hat für viele Menschen mit dem Thema „Verarbeitung" und „Loslassen" zu tun. Die Lungen bringen viele mit „Freiheit" in Verbindung und so weiter. Krebs hat einen biografischen Hintergrund. Somit scheint er nicht einfach nur eine Krankheit zu sein, die einen Menschen aus heiterem Himmel überfällt, sondern sie hat damit zu tun, wie man lebt, was man denkt, in welcher sozialen Rolle man sich wiederfindet und ob man diese akzeptiert oder darunter leidet. Bemerkenswert erscheint mir dies insofern, als die Medizin mit immer größerem Aufwand dafür wirbt, teure Vorsorgeuntersuchungen durchführen zu lassen, wobei eine einzige Frage bereits ein Erkrankungspotenzial aufdecken könnte. Diese Frage lautet:

„Woran würden Sie wohl erkranken, wenn Sie so weiterlebten wie bisher?"

Dass Krebs oftmals nicht einfach nur eine Krankheit ist, sondern ein Hilferuf der Seele, musste auch mein Kunde Arno D. kürzlich hier bei uns erkennen. Er hatte ein halbes Jahr zuvor bei einer dermatologischen Routineuntersuchung eine erschreckende Diagnose bekommen: Hautkrebs! Eine solche Krankheit, bei der die Haut sich braunschwarz färbt, gilt im fortgeschrittenen Stadium als kaum heilbar. Glücklicherweise konnte der Krebs mit herkömmlichen schulmedizinischen Mitteln symptomatisch bekämpft werden – aber wie wir ja wissen, ist die Ursache damit noch längst nicht beseitigt, sodass es zu Symptomverschiebungen oder gar Rückfall kommen kann. In einem Ganztags-Coachingtermin analysierten wir also die biografischen Umstände auf ungelöste Konflikte. Arno war Unternehmer und steckte seit einiger Zeit aufgrund von wirtschaftlichen Schwankungen bis zum Hals in Arbeit. Die Geschäfte gingen nur deshalb noch gut, weil Arno sich unaufhaltsam abstrampelte, um nicht unterzugehen.

Der elterliche Einfluss hatte ihn dazu gebracht, sich bis zum Äußersten abzumühen, ohne Hilfe zu holen, denn Hilfe ist ein Schwächebeweis, so hieß es. „Stell dich nicht so an, du schaffst das allein!", hatte er als Kind immer wieder hören müssen.

Nachdem wir neue Strategien und Erfolgsmöglichkeiten besprochen hatten, machten wir eine abschließende Hypnosesitzung, in der ich den eigentlichen Grund seiner Hauterkrankung aufdecken wollte. Doch auf meine Frage „Warum ausgerechnet Hautkrebs, warum nicht etwas anderes?" fiel Arno in seiner

Trance nichts wirklich Schlüssiges und Sinnvolles ein. Er bekam frei assoziativ das Bild von „Lehm“ und einem Weg mit Kuhlen oder Löchern. Arno erinnerte sich an nichts logisch Fassbares und Konkretes. Bis er einige Minuten nach der Hypnose plötzlich eine spontane Erinnerung hatte: Ihm fiel ein, wie er als kleiner Junge in ein Fäkaliensilo gefallen und dort in den Exkrementen fast umgekommen war. Seine Cousine, die bei ihm war, hatte ihn zum Glück noch retten können. Schlagartig fiel Arno die Symbolsprache der Psyche ein: Damals wie heute steckte er bis zum Hals im Schlamassel. Er brauchte jemanden, der ihn sprichwörtlich „aus der Scheiße“ zog. Hautkrebs ist eine derart ernste Angelegenheit, dass es kein Mensch der Welt fertigbrächte zu sagen: „Stell dich nicht so an!“ Dieses Symptom passte perfekt zu dem, was die Psyche wirklich wollte: das Alibi, um Hilfe zu rufen und sich eine „Auszeit“ gönnen zu dürfen. Diese Auszeit hätte unter Umständen den Tod bedeutet, wenn nur der Krebs, nicht aber seine Ursache therapiert worden wäre. Die erste Rückmeldung, die ich von Arno bekam, war, dass er sich noch nie zuvor so erleichtert und unterstützt gefühlt hatte. Er delegiert nun mehr, lässt sich also helfen und empfindet dies nicht als Schwäche, sondern als kluges strategisches und unternehmerisches Denken.
Das Fazit: Erziehung kann wirklich schaden.

Unzählige Beispiele aus unserer Praxis zeigen immer wieder: Der elterliche Einfluss kann verheerend sein. Gut gemeint und gut gedacht ist noch lange nicht gut gemacht, das erfährt gerade aktuell Johann, ein etwa 80-jähriger Mann aus meiner ferneren Bekanntschaft: Er wurde als Kind von seinen Eltern mit Stockhieben zur Disziplin „erzogen“. Ausgelöst durch diesen enormen Erwartungsdruck war Johann viele Jahre lang Alkoholiker. Nun ist er zwar vom „bösen Geist aus der Flasche“ befreit, aber immer deutlicher wird, dass er

bei Erwartungsdruck körperlich geradezu „stocksteif“ wird und keinerlei Anweisungen mit Gelassenheit ausführen kann. Die einfache Bitte, sich für ein Foto aufzustellen, überfordert Johann bereits, wie auch jede außerplanmäßige Änderung des Tagesablaufs. Diese Persönlichkeitsstörung, die sich Anankasmus nennt, ist die Folge der elterlichen Bemühungen, dem Jungen Ordnung beizubringen.
Dabei brauchen wir als Kinder unsere Eltern so dringend: Schutz, Liebe und Respekt kann einem Kind niemand so gut geben wie die eigenen Eltern. Lilly, eine Kundin Mitte vierzig, antwortete im Coaching auf meine Standardfrage, was das Schlimmste sei, das sie in ihrem Leben erlebt hatte: „Sie werden sich wundern, Herr Winter, nicht dass ich zwischen meinem achten und zwölften Lebensjahr permanent vom Sohn des Nachbarn sexuell missbraucht wurde, war das Schlimmste für mich; auch nicht, dass ich darüber mit niemandem reden konnte und mich hilflos fühlte, war das Grausamste. Das Schlimmste in meinem ganzen Leben war, dass mich meine eigene Mutter ignoriert hat. Entweder war ich als Kind für sie Luft oder sie fühlte sich gestört oder sie neidete mir meine fröhlichen Momente. Dabei war ich zunächst von ihr gewollt, bevor sie merkte, dass mein Vater ein gutes und liebevolles Verhältnis zu mir hatte.“

Ich traute meinen Ohren kaum: Eifersucht und Ignoranz von der eigenen Mutter wurden schlimmer empfunden als Missbrauch!

Liebe Eltern, eure Kinder brauchen euch mehr, als ihr denkt! Also schnappt sie euch, spielt mit ihnen, drückt sie einfach mal oder lest ihnen etwas vor. Erinnern Sie sich, wie Fußball-Nationalspieler Miroslav Klose nach einem nicht enden wollenden Dauerfeuer an Medienkritik bei der Fußball-WM 2010 ein ausgesprochen überraschendes und souveränes 2:0 gegen Australien schoss und sich damit rehabilitierte. Die Motivation zu dieser Leistung führte Klose laut Medienberichten auf eine SMS seines heimatlichen Trainers, Louis van Gaal, zurück, die ihn vor der Partie gegen Australien erreicht hatte. Klose: „Jeder Bayern-Spieler hat so eine SMS von van Gaal bekommen. Da standen liebe Worte drin.“[14]

Worte können so vieles bewirken! Daher auch das nächste Kapitel:

14 www.stern.de/sport/fussball-wm/wm-2010/teams/fussball-wm-2010-klose-und-die-louis-van-gaal-sms-1574009.html

VI. Kindergeschichten

Im folgenden Kapitel finden Sie eine Auswahl von bislang unveröffentlichten Kindergeschichten von befreundeten Autoren und Kollegen. Geschichten wie diese eignen sich besonders gut zum Vorlesen, um damit versteckte Ängste bewusst zu machen und abzuschwächen, oder einfach auch nur, um auf unterhaltsame Weise Erkenntnisse über Konflikte zu gewinnen. Ich danke den Autoren für die freundliche Bereitstellung.

Andreas Winter: Der kleine Bach

Die erste Geschichte ist von mir selbst verfasst. Mit ihrer Hilfe konnten Hunderte von Eltern ein etwas entspannteres Verhältnis zu den eigenen Kindern aufbauen. Der kleine Bach ist eine therapeutische Geschichte, die ich eines Morgens um fünf Uhr im Kopf hatte und in einem Zug niederschrieb. Im Anschluss musste ich zu meiner eigenen Verwunderung feststellen, dass ich bis zum Abend lang durchweg immer wieder daran dachte und dabei sogar weinte, obwohl die Geschichte frei erfunden ist und nichts mit mir persönlich zu tun hat. Rund drei Jahre brauchte ich, um herauszufinden, warum diese Geschichte mich so erschütterte. Die Antwort ist: Sie spiegelt das konflikthafte und von Enttäuschung geprägte Erziehungsverhältnis einer ganzen Menschheitsepoche wieder. Das Schicksal des kleinen Baches ist der Leidensweg fast der gesamten zivilisierten Welt. Lesen Sie den „Kleinen Bach" bitte in Ruhe und emotionaler Offenheit, damit Sie die für die bildhafte Sprache vorgesehenen Hirnareale effektiv nutzen.

„Der kleine Bach" ist ein romantisches Plädoyer für die lebenserhaltende Unordnung der Natur und gegen Anpassungsdenken. Eine pädagogische Geschichte zum Nachdenken, Weinen, Lachen und Hoffnung schöpfen. Sie werden nach der Lektüre des „Kleinen Bachs" Ihre eigene Erziehung in einem völlig anderen Licht sehen – und in der Lage sein zu entdecken, wo gut gemeinte, aber schlecht gemachte Erziehung noch in Ihren Knochen steckt und für Konflikte sorgt.

Der kleine Bach (2003)

Hoch oben, im eisigen Gebirge, gibt es einen alten Gletscher. Ein Gletscher, das ist eine riesige Eismasse, die sich nur ganz langsam vorwärtsschiebt. Man kann sich das vorstellen wie einen uralten, vollständig gefrorenen Fluss. Dieser Gletscher bewegt sich Stück für Stück bergab und schiebt dabei grimmig alles zur Seite und vor sich her, was sich ihm in den Weg stellt.

Geröllbrocken, Bäume, ja sogar Felsen halten der großen Kraft des Gletschers nicht stand. Und so bewegt sich das Eis unaufhaltsam immer weiter talwärts. Viele Bergwanderer und Forscher besuchen oft den Gletscher und bestaunen seine Unaufhaltsamkeit und seine beständige Kraft.

In einem ganz anderen Gebirge, dort, wo es freundlicher und nicht so kalt ist, entspringt inmitten der Felsen eine kraftvolle, sprudelnde Quelle. Diese Quelle füllt über einen breiten Wasserfall einen großen blauen See mit frischem, klarem Wasser. Hierhin kommen viele Menschen und trinken das gesunde frische Quellwasser und baden sogar in dem See. Besonders Menschen, die krank sind, kommen her zum Baden, denn das Wasser macht sie mit seiner wohltuenden Reinheit wieder völlig gesund, sagen sie.

Die Quelle und der See haben eine Tochter. Ein kleines quirliges Flüsschen, welches direkt aus dem See quer durch ein paar Wiesen sprudelt und in seinem Lauf zu einem großen, schönen Mäander wird. Ein Mäander ist ein Fluss, der in elegant geschwungenen Kurven fließt. Viele bunte Schiffe, voll mit vergnügten Menschen, fahren sonntags auf ihr und erfreuen sich an ihrer Gleichmäßigkeit und an dem kurvigen, geschwungenen Ufer. Dieser ruhige und anmutige Mäander fließt quer durch das ganze Land und mündet mit einem letzten großen Schlenker im weiten Meer, dort, wo eines Tages alles Wasser einmal hinfließt.

Auch der Gletscher hat einen Abkömmling. Dort, wo der Gletscher weit in das sonnenbeschienene Tal ragt, schmilzt das Eis und wird zu einem breiten, wilden Strom. Dieser Strom führt so viel Wasser in seinem Flussbett, dass er, genau wie sein Vater, der Gletscher, alle Hindernisse in seinem Weg mitreißt, oder beiseiteschiebt. Und genau wie der Mäander fließt der Strom ebenfalls quer durchs Land. Aber auf ihm fahren große eilige Frachtkähne, die mit ihrer Ladung schwer und tief im Wasser liegen. Dort, wo der Strom durch große Städte kommt, ist er besonders schnell und gerade, denn die Menschen haben das Ufer mit Spundbohlen befestigt. Dadurch bleibt das Wasser noch gerader in seinem Flussbett. Das Baden ist dort streng verboten, denn die Kraft des Stroms ist so groß, dass alles, was dort hineinfällt, gnadenlos mitgerissen und bis zum Meer getrieben wird, dort, wo einmal alles Wasser mündet.
So fließen die beiden Gewässer, die schöne Mama Mäander und der breite Papa Strom, durch das ganze Land, von ihrem Ursprung in den Bergen bis hin zum Meer. Doch es gibt eine Stelle, nahe einer kleinen idyllischen Stadt, an der die beiden Wasser sich sehr nahe kommen. Dort, wo Mama Mäander wieder einmal eine ihrer schönen Kurven schwingt, fließt dicht vorbei der breite, stolze Strom. Der Strom ist entzückt von der ruhigen Schönheit, die sich gleichmäßig durch das Land schlängelt. Und Mama Mäander ist beeindruckt von der Kraft und Geradlinigkeit, mit der der Strom sich fast pfeilgerade durch das Land bahnt. Sie verlieben sich ineinander.

Es wird Herbst und so kommt es, dass es ein paar Tage hintereinander regnet und regnet und regnet. Randvoll werden die beiden Flüsse durch das zusätzliche Regenwasser und treten mit einem schwungvollen Schwappen über die Ufer. Und zwar genau an der Stelle, wo sich eine der schönsten Kurven von Mama Mäander befindet, und ebenfalls genau dort, wo das Ufer des mäch-

tigen Stroms nicht befestigt ist, sondern nur aus Kieselsteinen besteht. Hier bildet sich jeweils ein kleines Rinnsal, das durch die Kraft des übertretenden Wassers tiefer wird und zu einem gemeinsamen Bach zusammenläuft. Dieser Bach plätschert von nun an munter und vergnügt zwischen den beiden großen Wasserstraßen hin und her.

Nun ist es so, dass der kleine wilde Bach noch nicht besonders viel Wasser führt und ständig den großen Steinen in der Landschaft ausweichen muss. Wo immer ein schwererer Brocken liegt, platscht das Wasser einfach dagegen und muss deshalb herumfließen. Es ist noch zu schwach, um, genau wie der große Vater Strom, die Felsen zu überspülen oder gar mitzureißen. Und der will ja nur das Beste für seinen Sohnemann und ermahnt ihn ungeduldig, er solle sich nicht ständig ablenken lassen. Er sagt: „Du willst doch auch einmal im Meer ankommen. Also, dann lass dich nicht von so ein paar Steinbrocken aufhalten. Stemme dich ordentlich dagegen und räume sie weg. Das ist doch ganz leicht." Doch der kleine Bach schafft es einfach nicht. Schon das kleinste Hindernis reicht aus, um sein Wasser umzuleiten. Das wissen sogar die Menschenkinder, und die ganz frechen schleppen hin und wieder alte Autoreifen herbei, nur damit der Bach sich einen anderen Weg bahnen muss. Wie gemein! Eigentlich sieht er gar nicht recht ein, warum er sich überhaupt diese Mühe machen soll, um zum Meer zu kommen. Hier ist es doch auch sehr schön. Viel lieber spielt er mit den Fischen und hört den Fröschen bei ihrem lustigen Gequake zu, als sich um die blöden Steine zu scheren. Sollen die doch bleiben, wo sie sind. Er versteht sowieso nicht recht, warum er sich nicht, genau wie seine Mama, einfach schlängeln darf.

Als dann eines Tages ein kleiner junger Weidenbusch zu nah am Ufer steht, gelingt es dem Bach mit aller Kraft, diesen zu entwurzeln und mitzureißen. Und obwohl die arme Weide ihm etwas leidtut, zeigt er seinem Vater stolz die

hilflos treibenden Zweige und hofft dabei, endlich einmal ein bisschen Lob zu bekommen.
Doch der Vater deutet ungeduldig auf einen großen morschen Eichenstumpf an seinem Rand, der es wagt, Widerstand zu leisten. Und – ruck – da reißen die Fluten das Gehölz heraus und spülen es gnadenlos weiter. „Hast du gesehen? So macht man das. Wenn du das nicht auch bald kannst, wirst du nie ein richtiger Fluss und die Menschen bauen eine Betonröhre um dich herum und fangen dich damit ein. Dann bist du ein Abwasserkanal und landest in einer Kläranlage und nicht im Meer." Enttäuscht weint der kleine Bach dicke, nasse Tränen, sodass auch alle Fische in ihm traurig werden und weinen. Doch die Mutter Mäander tröstet ihr kleines Wildwasser und schickt ihm ein paar kräftige Schlucke reinsten Quellwassers, direkt von Oma Quelle in den Bergen. Das macht ihn quirlig und er bekommt wieder etwas bessere Laune.
So vergeht das Jahr: Der Winter kommt und bringt Schnee und Kälte ins Land. Und während auf Mama Mäander die Menschen Schlittschuh laufen, heißen Tee verkaufen und Spaß haben, fahren auf dem großen Strom die Eisbrecher auf und ab und sorgen dafür, dass er in Bewegung bleibt, denn die Schifffahrt muss ja weitergehen. Unaufhaltsam fließt der große Strom, egal, was da kommt. Der kleine Bach aber friert bitterlich und kann sich vor lauter Eis kaum bewegen. Und weil er so klein ist, interessieren sich noch nicht einmal die Kinder mit ihren Schlittschuhen für ihn. Er ist einfach zu klein und zu schwach. Und immer öfter sagt er sich: „Ich werde niemals ein Fluss. Niemals schaffe ich das. Ich werde in einer Betonröhre gefangen, habe keine Fische mehr und sehe meine Eltern nicht mehr, sondern lande in einer Kläranlage."
Monatelang ist der kleine Bach völlig niedergeschlagen. Doch dann kommt der Frühling mit seinen lachenden Sonnenstrahlen. Das Eis schmilzt und mit dem Frühling kommen die Singvögel aus dem Süden zurück. Alles Leben rings-

herum erblüht. Die Fische, die in dem kleinen Bach den ganzen Winter über ihre gemütliche Ruhe hatten, fangen an zu springen, und die Schilfpflanzen recken ihre Hälse zum Himmel und beginnen zu blühen. Und auch Menschen kommen zu dem kleinen Bach, der immer noch zwischen den großen Steinen hin und her geschubst wird. Die Menschen haben Bagger und Schaufeln dabei und beginnen, früh am Morgen auf der Wiese um das Ufer herum zu graben und zu buddeln. Das erschreckt den kleinen Bach fürchterlich. Denn mit einem Mal kommt ihm die schreckliche Erkenntnis: „Jetzt bauen sie die Röhre, von der Papa immer erzählt hat. Jetzt fangen sie mich ein. Ich werde nie wieder Mama und Papa sehen und meine Frösche und meine Pflanzen!" Und der kleine Bach heult so verzweifelt und so jämmerlich, dass sogar die Vögel am Himmel einen großen Bogen um den kleinen Bach machen.

Es ist fast Sommer, bis der kleine Bach sich etwas beruhigt und sich traut, einmal aufzublicken: Er schaut verschüchtert um sich und erwartet eigentlich, dass er nun in einer stockdusteren, dreckigen Abwasserröhre gefangen ist. Doch nichts von alledem ist zu sehen. Es scheint sogar, als ob in diesem Jahr besonders viele Fische, Vögel, Pflanzen und sogar die geliebten Frösche, die immer so lustig quaken, gekommen sind. Nur in ganz weiter Ferne steht jetzt ein kleiner, sauberer, grüner Zaun. Ein paar Vögel sitzen darauf und zwitschern sich Neuigkeiten zu.

Der kleine Bach wundert sich sehr. Und da entdeckt er noch etwas: In großen Abständen entlang des Zaunes sind einige Schilder aufgestellt. Auf ihnen sieht man ein kleines buntes Wappen und mit schwarzen Buchstaben ist darauf zu lesen:

Wasserschutzgebiet.
Betreten streng verboten.
Hier leben vom Aussterben bedrohte Tier- und Pflanzenarten.

Der kleine Bach kann es zunächst gar nicht fassen. Die Gedanken schießen alle gleichzeitig durch ihn hindurch: Er ist von den Menschen zum Naturschutzgebiet erklärt worden. Genauso wie er immer gewesen ist, ist er für sie etwas Besonderes. Er muss sich gar nicht zum Meer durcharbeiten, sondern darf einfach ein kleiner Bach bleiben. Die Fische und Vögel und Pflanzen und Frösche, die er so gern hat, das quirlige sprudelnde klare Wasser, all das lieben auch die Menschen an ihm. So sehr, dass sie ihren kleinen, unbeholfenen Bachlauf, genauso wie er ist, für immer behalten wollen.
Und wieder weint der kleine Bach. Aber diesmal vor Freude. Und die Fische springen dazu in hohen Bögen aus dem Wasser und machen Bauchklatscher und die Frösche quaken wie immer aufgeregt durcheinander.

Ein Nachwort vom kleinen Bach:
Seitdem ich ein Wasserschutzgebiet bin, ist etwas Lustiges geschehen. Die Menschen in den bunten Ausflugsdampfern, die Mama bringt, kommen oft herüber zu mir an den Zaun und staunen und machen viele Fotos. Und Papa hat sogar eine Spundbohlenwand für sein Ufer bekommen, damit er bei Hochwasser nicht meine Wiesen verdreckt. Und neulich waren wieder ganz viele Kinder da. Aber diesmal haben sie keine Autoreifen mitgebracht, sondern die alten sogar eingesammelt und mitgenommen.

Karin Fischer:
Ella und Lisa oder: Wir ernten, was wir säen

Die nächste Geschichte veröffentlichte Karin Fischer in meinem Internet-Diskussionsforum unter www.mankau-verlag.de/forum. Frau Fischer ist Geopathologin, Baubiologin und Meisterin der ländlichen Hauswirtschaft. Derzeit arbeitet sie an einem Buch für Kinder. Auf ihrer Internetseite www.diefischerin.com finden sich noch mehr Augen öffnende Geschichten aus ihrem Repertoire. Ich wählte die folgende aus, weil sie nicht nur sehr schön verdeutlicht, wie sehr Ungeduld, fehlende Wertschätzung und Enttäuschung miteinander verwoben sind, sondern auch zeigt, wie wichtig Vertrauen bei Entwicklungsprozessen ist.

Ella und Lisa oder: Wir ernten, was wir säen (2009)
Eine Mutter säte Blumensamen in Balkonkästen aus. Da kamen ihre zwei Kinder Ella und Lisa vorbei und sahen ihr zu. Dann fragten sie: „Mama, dürfen wir auch Blumen säen?" Sie schenkte jedem Kind einen Samen und einen kleinen Blumentopf. Beide Kinder füllten ihre Blumentöpfe mit Erde, steckten den Samen hinein, deckten ihn vorsichtig zu und gossen ihn an, genauso wie sie es bei ihrer Mutter gesehen hatten. Dann stellten sie ihre Blumentöpfe ans Fenster, damit sie genug Sonne bekamen. Ella sprang fröhlich davon und ging wieder spielen.
Die kleine Lisa saß den ganzen Tag vor ihrem Blumentopf, beobachtete ihn und ließ ihn nicht aus den Augen. Alle paar Minuten grub sie den Samen aus, um ihn zu betrachten – dieser hatte sich jedoch nicht verändert.
Am nächsten Morgen liefen beide Kinder zu ihren Blumentöpfchen und gossen Wasser nach. Ella sprach: „Ich freue mich schon darauf, dass meine Blume

herauskommt, sie ist bestimmt wunderschön, die schönste Blume auf der ganzen Welt!" Dann sprang sie davon und ging wieder spielen und vergaß ihre Pflanze.
Lisa aber buddelte den Samen aus, um zu sehen, ob er denn nun endlich gewachsen sei. Enttäuscht, dass sich nichts verändert hatte, drückte sie den Samen wieder fest in die Erde. „Warum wirst du nicht größer und kommst nicht heraus, du siehst doch, dass ich die ganze Zeit warte. Bestimmt habe ich wieder etwas falsch gemacht!" Und wieder saß sie stundenlang vor ihrem Töpfchen, zwischendrin kontrollierte sie den kleinen Samen. Sie hörte, wie ihre Schwester Ella draußen mit ihren Freunden spielte und lachte und Spaß hatte, während sie wartete und wartete und dabei immer missmutiger wurde.
Am dritten Tag, als die Kinder wieder an die Fensterbank liefen, um ihre Pflänzchen zu gießen, spitzte aus Ellas Blumentopf ganz klein ein grünes zartes Pflänzlein hervor. Sie freute sich über dieses kleine Pflänzchen, so als ob es schon groß und kräftig wäre. „Ich wusste, dass du kommst, du bist die schönste Blume, die es gibt." Sie rannte zu ihrer Mutter: „Danke, Mama, dass du mir so eine schöne Blume geschenkt hast. Schau nur, wie schön sie ist."
Lisa buddelte ihren Samen wieder einmal aus, er hatte sich immer noch nicht verändert. Sie konnte sich nicht vorstellen, dass aus diesem kleinen, hässlichen Samen jemals eine Blume werden würde. Voller Zorn nahm sie den Samen und warf ihn auf den Misthaufen. Sie beschloss, nie mehr eine Blume zu säen.
Ellas Pflänzchen wuchs und wuchs und blühte bald darauf prächtig. Voller Freude zeigte Ella allen ihre Pflanze.
Lisas Same, weggeworfen und nicht mehr beachtet, fing ebenfalls an zu treiben und wurde eine wunderschöne Blume, noch größer und schöner als die von Ella. Als Lisa sie einmal auf dem Misthaufen entdeckte, erkannte sie aber

nicht, dass es ihre Blume war, die dort so prächtig blühte. Wir ernten, was wir säen …

Ricardo Steding: Marie Mäuschen ist krank

Diese Geschichte steuerte Ricardo Steding, ein fast blinder Puppenspieler, gebürtig in Argentinien, meinem Buch bei. Ricardo zieht Kinder nahezu magisch an. Sie lieben seine unbefangene und kindgerecht humorvolle Art. Ricardo scheint sich nicht nur perfekt in Kinder hineinversetzen zu können, der Diplom-Sozialpädagoge wird von Kindern trotz seines Alters von fast 50 Jahren auch als „authentisch und dazugehörig“ empfunden. Vielleicht, weil er sich aufgrund seiner Sehbehinderung nie in seinem Leben darum scheren musste, „wie die Leute gucken“, wenn er spielte, herumalberte, mit seinem Hund tobte oder mit seinen selbst gebastelten Puppen die vor Vergnügen kreischenden Kinder unterhielt. Somit konnte er sich wohl eine erfrischende Natürlichkeit und Fantasie erhalten, wie wir sie oft nur bei Kindern erleben. Ich wählte diese Geschichte aus, weil sie den Aspekt „Erziehung zur Krankheit“ sehr verdeutlicht und eine einfache Lösung anbietet.

Marie Mäuschen ist krank (2002)

Marie Mäuschen war krank! Ja, die arme Maus, sie konnte sich kaum bewegen, alle ihre Knochen taten ihr weh. In ihrem Kopf schienen hundert Spechte zugleich zu hämmern, so dröhnte ihr Kopf.

Friedolin kochte ihr sofort einen Kamillentee mit Honig. Fritz las ihr eine Geschichte vor. Frederick machte ihr heiße Umschläge. Herr Dr. Uhu brachte ihr eine bittere Medizin.

Immer war jemand an ihrem Bett. Marie Mäuschen wusste: Wenn sie einschlief, würde jemand auf sie aufpassen. Wenn sie erwachte, sah sie stets einen Freund neben sich. Nie war sie allein. Ganz heimlich dachte sie: „Es ist doch irgendwie schön, krank zu sein. Immer ist einer da. Alle fragen mich, ob

ich einen Wunsch habe. Ja, das ist ein schönes Gefühl, so im Mittelpunkt zu stehen."
Es verging eine Woche. Marie Mäuschen fühlte sich nun nicht mehr krank. Ihre Knochen taten ihr nicht mehr weh. Und die Spechte in ihrem Kopf hatten aufgehört zu hämmern. Aber ihre Freunde kamen immer noch. Der eine fragte: „Soll ich dir was vorlesen?" Der andere: „Soll ich dir ein Käsebrot machen?" Und so weiter. Es war wie ein Geschenk. Marie spürte, wie gern ihre Freunde sie hatten.
Aber dann geschah etwas! Drei Tage lag sie nun schon gesund im Bett. Da kamen ihre Freunde ganz aufgeregt zu ihr.
„Marie, Marie! Wir müssen dich heute Vormittag alleine lassen", sagte Fridolin.
„Wieso?" „Heute ist Jahrmarkt im Wald!", erklärte Franzl.
„Stell dir vor, der alte Marder Zodek ist wieder da! Er zeigt seine Zauberkunststücke", fuhr Friedolin fort.
„Und der Gorilla Ibrahim wird Zottel, den Bären, zu einem Ringkampf auffordern. Du weißt ja, Zottel ist der stärkste Bär und Ibrahim ist der stärkste Gorilla", sagte Ferdinand.
„Die lustigen Tanzmäuse sind auch wieder dabei", sagte Franzl.
Oh je, daran hatte Marie gar nicht gedacht. Wie gern würde sie dabei sein!
„Wir werden dir alles ganz genau erzählen!", sagte Frederick, und schon eilten sie davon.
„Schade, dass ich krank bin!", sagte Marie zu sich selbst.
„Du bist gar nicht krank", sprach plötzlich ein kleines Stimmchen.
„Wer bist du?" Marie schaute sich um. Und da erblickte sie eine Fliege, die auf ihrer Bettdecke saß.
„Ich bin nicht krank, sagst du?"
„Du tust nur so!", sagte die Fliege.

„Ja, schon. Aber am Anfang war ich wirklich krank. Ich habe mich so sehr daran gewöhnt, dass sich alle um mich kümmern. Nun gehen alle ohne mich zum Jahrmarkt."
„Dann geh doch auch hin."
„Und was sage ich meinen Freunden?"
„Zuerst bedanke dich bei ihnen, dass sie dich so lieb versorgt haben. Lade sie zu einem Eis ein, und dann freue dich über diesen schönen Tag!"
Und das tat dann Marie Mäuschen auch.
Gesund sein war doch schöner – besonders, wenn man mit seinen Freunden auf den Jahrmarkt gehen kann.

Bernhard Reicher: Grashalm und Eiche

Der österreichische Coach und Drehbuchautor nennt sich selbst oft „hauptberuflicher Märchenerzähler“. Die folgende Geschichte bildet den bewegenden Abschluss seines Seminars „Folge deiner Bestimmung“. Ich besuchte dieses Seminar erstmals im Jahr 2006 und war davon so sehr angetan, dass ich „Grashalm und Eiche“ für den Abschluss meines Buches wählte.

Grashalm und Eiche (1997)

Vor Zeiten stand ein großer alter Eichenbaum auf einer Wiese. Wie alt er war, das wusste nicht einmal er selbst genau zu sagen; fest stand, dass er schon die Urgroßeltern der Kinder gekannt hatte, die jetzt auf der Wiese spielten. Mädchen und Jungen waren es, blonde und dunkelhaarige, die fast jeden Tag durchs Gras rannten, um einander zu fangen, einen Drachen steigen zu lassen oder hinter Schmetterlingen herzujagen.

Auf eines achteten die Kinder aber bei all ihrem Übermut immer: der alten Eiche nicht zu nahe zu kommen. So gern sie auf andere Bäume kletterten und sie in ihre Spiele einbezogen – vor diesem Baum empfanden sie Unbehagen. Er schien oft so finster dreinzusehen, dass man befürchten musste abzustürzen, wenn man es wagte, sich an seinen Ästen hochzuziehen.

Auch die Erwachsenen hatten Ehrfurcht vor dem knorrigen Baum. Obwohl es leichter gewesen wäre, die Wiese zu mähen, wenn er seine Wurzeln nicht überall hingestreckt hätte, waren noch keine Anstrengungen unternommen worden, ihn zu fällen. „Dieser Baum ist schon immer dort gewesen“, sagte man. „Lassen wir ihn doch stehen.“ So stand die Eiche Jahr um Jahr an ihrem Platz, ungerührt von Wind und Regen und Schnee. Ganz allein, mitten auf der Wiese stand sie, den Jahreszeiten trotzend. Nichts konnte die Eiche beeindru-

cken, sie hatte schon alles gesehen. Sei es ein Regenbogen, der sich über die Wiese spannte, sei es das Krabbeln der Käfer auf ihrem Stamm, sei es die Trockenheit in ihren Wurzeln, wenn es lange nicht geregnet hatte – allem begegnete sie mit derselben stummen Gleichgültigkeit. Und sie war stolz darauf. Was sie am meisten verabscheute, waren Empfindlichkeit und Schwäche.
„Man muss stark sein, wenn man in dieser Welt zu etwas kommen will!", pflegte sie zu sagen. „Alles muss man sich erkämpfen." Denn unsere Eiche sprach ab und zu. Manchmal. Wenn sie sicher war, dass niemand zuhörte. Das war in den Nachtstunden, wenn sich der Wind zur Ruhe begeben hatte, der nichts konnte, als Klatsch zu verbreiten, und wenn der Mond, der alte Weichling, mit den Wolken flirtete. Dem Eichenbaum war das zuwider; er hatte schon in jungen Jahren beschlossen, Junggeselle zu bleiben. Aber wie gesagt, ab und zu gönnte er sich die Zeit für ein Gespräch. Er musste dann immer mit einem Grashalm vorliebnehmen, denn sonst war ja niemand hier.
Der Halm, mit dem er sprach, war auch schon alt, einige Monate nämlich. Die Sense hatte ihn nicht erwischt, weil er zu nah am Baum stand. Aber er wusste, dass er im Herbst verdorren würde, deshalb genoss er jede Stunde des Tages.
Was die Eiche ihm erzählte, von den langen Jahren, in denen sie sich ihren Platz erkämpft hatte, in denen sie von einem unerfahrenen Pflänzchen zu einem harten unbeugsamen Baum herangewachsen war, in denen sie sich hatte wehren müssen, damit ihre Triebe nicht von Rehen und ihre Wurzeln nicht von Mäusen abgebissen wurden – das alles schien dem Grashalm nicht nur wie eine uralte Sage, er verstand es schlicht und einfach nicht. Es überstieg sein Denkvermögen, dass es eine so lange Zeit geben konnte. Und außerdem war es ihm auch nicht sonderlich wichtig, was sein Nachbar da erzählte; mit den Erzählungen von Kampf und Bewährung konnte er nicht viel anfangen.

Unser Grashalm war nämlich ein wenig sentimental veranlagt. Viel lieber als alle heldenhaften Erinnerungen des Baumes war ihm das Gefühl, das er spürte, wenn sich in den frühen Morgenstunden der Tau auf seiner Haut bildete. Mit dem Alter war er ein wenig zerstreut geworden, und dann konnte es geschehen, dass er in diesen Momenten nicht mehr genau auf die Worte der Eiche hörte. Eines Nachts spazierte ein junges Ameisenpärchen verliebt über ihn hinweg; er war ganz versunken und hatte alles um sich herum vergessen.
Das empörte den Eichenbaum besonders. „Wie kann man nur diesen Dingen so viel Aufmerksamkeit widmen?", rief er aus und rüttelte den Grashalm damit aus seinen Träumen. „Was bringt dir denn dieses romantische Zeug? Ich will dir mal was zeigen", fuhr er stolz fort, bevor ihm der Grashalm eine Antwort geben konnte. Er wand sich ein wenig und präsentierte ihm selbstgefällig eine schreckliche Narbe, die sich über einen Teil seines Stammes zog.
Der Eichenbaum machte eine wohlüberlegte Pause. „Da hat der Blitz eingeschlagen, als ich noch jung war", sagte er, und seine Stimme war noch düsterer geworden, als sie es ohnedies schon war. „Ich wäre beinahe daran gestorben. Aber ich habe durchgehalten. Alle Kraft habe ich zusammengenommen, ich habe niemanden um Hilfe gebeten – und ich habe überlebt. Und ich habe alles andere überlebt in den folgenden Jahren, weil ich stark war. Seitdem kann mich nichts mehr erschüttern. Der Regen perlt an meiner Rinde ab und die Krallen der Vögel spüre ich nicht einmal. Ich bin stolz auf diese Narbe, denn sie erinnert mich immer daran, dass ich stark und unbeugsam bin."
Der Grashalm hatte sich unter den gewaltigen Worten des Baumes geduckt, aber er wagte es dennoch, etwas einzuwenden.
„Ich habe von einer noch schöneren Narbe gehört, weißt du?"
„Ach tatsächlich? Und was soll das sein?"

„Ein Marienkäfer hat sich vorgestern auf mir ausgeruht. Da hat er mir von einem Baum erzählt, der steht mitten in dem Wald dort am Horizont. – Schon unglaublich, wie weit diese Käfer herumkommen, nicht wahr?"
„Und was hat er dir jetzt von der schönen Narbe erzählt? Was war denn das überhaupt für ein Baum?"
„Eine Buche, glaube ich. In ihren Stamm war ein Herz geschnitten, mit einem Pfeil und so. Und im Herz stand: S. W. + B. R."
Das war zu viel für den Eichenbaum. Ohne noch ein weiteres Wort zu sagen, wandte er sich vom Grashalm ab. Hoffnungsloser Romantiker. Würde in wenigen Wochen verdorren.
Drei oder vier Tage nach diesem Gespräch saugte der Grashalm genüsslich den Saft aus dem Boden, als er merkte, dass Unruhe in der Luft lag. Der Wind fegte hierhin und dorthin und schrie Warnungen in alle Richtungen, aber der Halm war schon alt und hörte nicht mehr sehr gut. Da kam ein Wurm hastig an ihm vorbeigekrochen, den er fragte, was die Aufregung zu bedeuten habe.
„Ein Sturm!", rief dieser, ohne Halt zu machen. „Ein Sturm, wie es ihn noch nie gegeben hat!" Dann war er verschwunden. Der Grashalm war ganz aufgeregt.
„Hörst du, Eiche, ein Sturm kommt, ein Unwetter. Was sollen wir denn tun?"
„Na, du wirst eben sterben, du Weichling, weil du Angst hast", gab der Baum zurück.
Grashalm war jetzt noch mehr erschrocken, denn er wusste nicht, womit er diese ungehobelte Antwort verdient hatte. Verschüchtert wie er war, beschloss er, nichts mehr zu sagen. „Ich habe keine Angst vor dem Sturm", sprach die Eiche, mehr zu sich selbst. Und wie sie die schwarzen Wolken sich zusammenziehen sah und den Donner über sich dröhnen hörte, da beschloss sie, der Front die Stirn zu bieten, die jetzt rings um sie herum war. Steif und unbeweglich würde sie ihren Platz behaupten, wie schon immer zuvor.

Der Grashalm war zu schwach, um irgendeinen Widerstand aufbringen zu können. Er ließ sich vom Wind zur Erde beugen. Dann sah er lange Zeit nichts mehr, er hörte nur das Wüten des Sturms. Und inmitten des Lärms plötzlich ein ohrenbetäubendes Krachen und Bersten, ein Splittern. So laut war es, dass er den Lärm des Sturms danach kaum wahrnahm.
Irgendwann, nach langen Stunden, hatte sich das Gewitter verzogen. Der Regen versickerte allmählich im Boden und die Sonne kam wieder zum Vorschein. Grashalm richtete sich langsam auf. Er war ein wenig zerzaust, aber ansonsten hatte er es gut überstanden. Nur einen Schnupfen hatte er sich geholt, aber das wird keinen verwundern.
Neben ihm lag Eichenbaum. Der Sturm hatte seinen mächtigen Stamm zerbrochen. Nach wenigen Tagen wurde er zersägt und abtransportiert, denn der Herbst hielt schon seinen Einzug und die Wiese musste gemäht werden.
Ein Kind kam während der Arbeiten zu der beeindruckenden Wurzel des Baumes und setzte sich darauf. Es war ein Mädchen, eines von den Kindern, die Tag für Tag auf der Wiese spielten. Jetzt ist er auf einmal nicht mehr da, dachte es. Gedankenverloren riss es einen Grashalm aus und kaute auf ihm herum. Aber bald stand es wieder auf und lief nach Hause. Auf seinem Weg übte es, auf dem Grashalm zu pfeifen, eine Kunst, die es von den älteren Jungen erlernt hatte. Es gelang ihm immer besser! Kurz vor seiner Haustür warf es den Halm an den Wegrand.
Wie er so dalag, spürte der Halm, dass er sterben musste. Aber es machte ihm gar nichts aus, das überraschte ihn. Er spürte nur noch diesem Gefühl nach: wie das Mädchen ihn in ihren Mund nahm und auf ihm pfiff, und wie er dabei vibrierte! Wie schön das gewesen war. Und Grashalm konnte nicht umhin zu denken: „Es ist doch schade. Das hätte ich dem Eichenbaum gern erzählt.“

Nachwort

„We don't need no education!" (zu Deutsch: „Wir brauchen keine Erziehung!") ließ die britische Bombast-Rock-Band Pink Floyd 23 Schüler der Islington Green School in ihrem Hit „Another Brick in the Wall" im Jahre 1979 singen. Damals ging ein Aufschrei um die Welt, die Sendung des Titels wurde teilweise von Radiostationen abgelehnt, das Video in Schulen verboten. Doch ich glaube, der Ruf nach weniger Zug und Druck, sondern mehr respektvoller Behandlung der Kinder wird immer lauter. Sie, liebe Leser, sind die Kinder von gestern und die Eltern von heute oder morgen. Sie sind es selbst, die rufen. Und auch Ihre Eltern riefen oft verzweifelt: „Lasst uns in Ruhe!" Wie lange sollen Kinder noch um Verständnis und Vertrauen flehen müssen?
Noch ist unser bisheriges Bild von Kindern ein negatives: Sie gelten hierzulande als fehlerhaft, unzulänglich und unvollkommen. Erziehung soll folglich diesen Mangel beseitigen. Dass dieses Bild schlichtweg falsch ist, habe ich versucht, in diesem Buch darzustellen. Meiner Ansicht nach sind Kinder zwar noch unwissend, unreif, nicht entwickelt und unerfahren, aber vom Bestreben, von der Denkweise und vom Lernansatz her perfekt. Kinder sind perfekt – und somit heilig. Zu viel korrigierende Erziehung kann diese Heiligkeit derart zerstören, dass die Kinder sich erst hierdurch zu unheiligen, inkompetenten und boshaften Menschen entwickeln. Lassen Sie das nicht zu. Seien Sie für Ihre Kinder der liebevollste und kompetenteste Ratgeber der Welt. Seien Sie der Vater, die Mutter, die Sie selbst gerne gehabt hätten. Das Vertrauen der Eltern in sich selbst und somit in ihren Nachwuchs ist meines Erachtens der Schlüssel zu einer selbstsicheren, selbstwertstarken und sozialkompetenten Menschheit – der Schlüssel zu einer besseren Welt. Sie als Eltern haben es in der Hand. Sie tragen Mitverantwortung dafür, wie künftige Menschen im Alter

leben und wie man diese dann behandelt. Es wird noch sehr viele Jahrzehnte dauern, bis die Früchte Ihrer Bemühungen geerntet werden. Sie selbst werden diese Welt nicht erleben. Auch ihre Kinder nicht. Dennoch sollte das ein Ansporn sein, „den eigenen Keller aufzuräumen" – um eine Welt vorzubereiten, in der es sich wirklich zu leben lohnt. Sie haben vielleicht heute, mit dem Lesen dieses Buches, damit begonnen. Danke!

Danksagung

Ich danke allen Menschen, die mich und meine Arbeit unterstützen, die mir Vertrauen schenken und meine Thesen kritisch prüfen. Ich danke meinen Kunden aus der ganzen Welt, die sich mir anvertrauen. Ich danke allen, die mich weiterbilden, inspirieren oder informieren. Danke an meine Leser, meine Zuhörer bei Vorträgen und an alle, die mit mir oder für mich arbeiten. Danke an meine Familie und meine Freunde! Mein Erfolg ist euer Verdienst!

Spezieller Dank an:

- Enrique Plazaola, der es mit seiner Musikkomposition wieder einmal geschafft hat, meine Worte in stimmungsvolle und bewegende Musik umzusetzen. Mehr Musik von ihm finden Sie kostenlos auf der Internetseite www.enriqueplazaola.com. Enrique ist für mich der virtuoseste und einfühlsamste Komponist, mit dem ich je zusammenarbeiten durfte!

- Das Bonusstück „Rock the School" entstand für die Internetseite www.rock-die-schule.de in Zusammenarbeit mit dem Musiker und Produzenten Amand Struck. Gast-Rapper sind Rap Aslan (Ümit Eroglu) und FreScH (Frederik Schäfer). Aufgenommen und produziert wurde das Stück im 44Family-Studio (www.44family.de); dieses Team nimmt für Sie oder mit Ihnen professionell Musik auf, etwa zu Werbezwecken, als Geburtstagsüberraschung oder zur Verwirklichung Ihrer musikalischen Leidenschaft.

Danke für euren fantastischen Einsatz!

Ausbildung zum Gesundheitsberater

Wenn Sie nach der Lektüre dieses Buches davon überzeugt sind, dass es leicht ist, seine Glaubenssätze zu verändern, wäre es vielleicht interessant für Sie, mit Ihrem Wissen anderen Menschen zu helfen. Den Fahrplan zur Ausbildung als Gesundheitsberater finden Sie unter www.derPsychocoach.de.

Weitere Bücher aus der Reihe „Der Psychocoach“

Andreas Winter
Der Psychocoach 1:
Nikotinsucht – der große Irrtum
Warum Nichtrauchen so einfach sein kann!
Mit Starthilfe-CD!
ISBN 978-3-938396-10-0

Andreas Winter
Der Psychocoach 2:
Heilen ohne Medikamente
Wie chronische Krankheiten ganz einfach wieder verschwinden!
Mit Starthilfe-CD!
ISBN 978-3-938396-11-7

Andreas Winter
Der Psychocoach 3:
Abnehmen ist leichter als Zunehmen
Mit Starthilfe-CD!
ISBN 978-3-938396-12-4

Andreas Winter
Der Psychocoach 4:
Liebe, Sex und Partnerschaft
Warum Erfüllung so einfach sein kann!
Mit Starthilfe-CD!
ISBN 978-3-938396-16-2

Andreas Winter
Der Psychocoach 5:
Der Geist aus der Flasche
Alkohol – Genuss statt Muss!
Mit Starthilfe-CD!
ISBN 978-3-938396-17-9

Andreas Winter
Der Psychocoach 6:
Anti-Aging
Warum es so einfach ist, jung zu bleiben!
Mit Starthilfe-CD!
ISBN 978-3-938396-22-3

Andreas Winter
Der Psychocoach 7:
Zielen – loslassen – erreichen!
Wie Sie Ihr Gehirn auf Erfolg einstellen
Mit Starthilfe-CD!
ISBN 978-3-938396-32-2

Andreas Winter
Der Psychocoach 9:
Heiler werden!
Sich und anderen einfach helfen
Mit Starthilfe CD!
ISBN 978-3-938396-68-1

Andreas Winter
Der Psychocoach:
Power-Box
Entdecke dein selbst!
3 CDs mit Mookait-Edelstein als NLP-Kraftanker
ISBN 978-3-938396-44-5

Notizen